그림으로 배우는

데이터
사이언스
입문

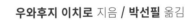

**어려운 수식 없이 엑셀로 이해하는
데이터 사이언스**

우와후지 이치로 지음 / 박선필 옮김

BJ
BJPUBLIC

그림으로 배우는

데이터 사이언스 입문

어려운 수식 없이 엑셀로 이해하는
데이터 사이언스

들어가기 앞서

정보통신기술(ICT)이 고도로 발전한 오늘날, 우리는 알게 모르게 다양한 데이터에 둘러싸여서 일상생활을 하고 있습니다. 이런 사회를 책에서는 '데이터화 사회'라 칭하고 있지만, 이는 데이터가 없으면 흔한 일상 생활을 보내기 어렵다는 것을 의미합니다. 예를 들어 요즘 필수 아이템인 스마트폰도 화상, 음성, 문자 등의 데이터를 사용하지 않는다면 그저 쓸데없는 물건에 불과합니다. 이렇게 된다면 우리의 생활이 어떻게 될지 상상해보세요. 이처럼 현대 사회에서는 '데이터'의 가치가 올라가고 있습니다. 그렇기에 데이터를 다루는 과학이 생기는 것은 당연한 일이며, 이러한 과학을 데이터 사이언스라고 합니다.

이 책은 데이터 사이언스 개요와 기본적인 사고방식을 일러스트와 도표를 사용해 독자에게 쉽게 설명합니다. 어디까지나 사고방식을 시각적으로 이해하고 데이터 사이언스의 대략적 내용을 파악하기 위한 '그림책'이므로, 구체적인 수학적 이론이나 기술 등을 설명하지는 않기에 이 책은 데이터 사이언스의 '입문을 위한 입문서'라 할 수 있습니다.

사실 데이터 사이언스가 무엇인가에 대한 정설은 없습니다. 이 책을 포함해서 '데이터 사이언스'를 다루는 책은 시중에 많이 나와 있지만 저자에 따라 다루는 범위, 내용 등이 다양합니다. 그렇지만 많은 사람이 데이터 사이언스라 하면 AI, 기계학습 등을 생각하지 않을까요? 이러한 배경에는 빅데이터(big data) 활용이 있기 때문입니다.

이 책에서도 설명하지만 빅데이터는 단순히 '대규모' 데이터를 가리키는 것이 아니라, 정보통신기술에서 활용하는 데 처음으로 성립되는 데이터입니다. 이렇게 빅데이터를 전제로 하면 데이터 사이언스를 AI나 기계학습 기술과 관련된 과학이라 생각하는 것도 당연합니다. 그러나 이 책에서는 이러한 이해에 대해선 다소 거리를 두려 합니다.

빅데이터를 전제로 데이터 사이언스를 가정해 생각하면, 아무래도 정보통신기술이 '주연'이고, 데이터가 '조연'이라는 인식을 지울 수 없습니다. 그러나 책에서는 데이터 사이언스를 데이터가 '주연'이고 정보통신기술을 '조연'으로 전제하는데, 이유는 문자 그대로 '데이터' 과학이기 때문입니다.

그러면 데이터가 주연이란 어떤 의미일까요? 데이터의 성질을 알고, 데이터 성질을 해석하고, 데이터를 기반으로 다양한 결론을 이끌어 내는 것입니다. 한마디로 데이터 성질이라 했으나 사실은 다양합니다. 겉보기에는 유사한 숫자 배열에 불과한 데이터라도 경제 데이터와 의학 데이터에서는 작성 방법이나 취급하는 방법이 전혀 다르고, 의미와 해석도 다릅니다. 이와 같이 데이터 성질의 차이를 중시하는, 즉, '데이터 중시'라는 시점을 데이터 사이언스에서는 무엇보다 중요하다고 하는 것이 이 책의 기본적인 생각입니다. 따라서 정보통신기술의 활용은 어디까지나 이러한 일련의 프로세스를 효율적으로 수행하기 위한 '조연'에 불과합니다.

이런 목적을 달성하기 위해 책에서는 다음과 같이 서술했습니다.

1 '데이터 중시'라는 사고방식으로, 데이터 타입 및 특징에 관련된 데이터 수집 방법을 하나의 장을 할애해 자세히 설명합니다(제2장).

2 데이터 사이언스의 요점은 데이터 해석 방법(데이터를 해석하기 위한 수리)에 있습니다. 책에서는 슈퍼마켓에 근무하는 마케팅 담당 A씨, 세미나에서 지역 연구를 하는 대학생 B씨, 지역 건강 문제에 관심이 많은 보건사 C씨의 사례를 들었으며, 각자의 연구를 통해 데이터 해석 방법의 목적과 결과 해석을 설명합니다. 또한 수학에 대한 예비지식이 없어도 이해할 수 있도록 수학적 전개는 생략합니다(제3장~제5장).

3 데이터 해석 방법을 분류 방법(제4장)과 예측 방법(제5장)으로 나눠, 대표적인 양적 데이터와 질적 데이터를 다루는 방법을 각각 다룹니다.

4 사고방식과 계산 결과의 해석을 중심으로 데이터 해석 방법을 설명하지만 데이터 해석을 실제로 체험하는 일도 중요합니다. 그렇기에 책에서 소개하는 방법 중에 Excel로 간단하게 계산할 수 있는 경우 대응하는 함수 및 분석 툴 사용 방법을 설명합니다.

5 데이터 사이언스는 데이터가 전부라 해도 과언이 아닙니다. 수학적으로 의심스러운 어떠한 데이터 해석 방법을 적용하더라도, 데이터를 개조하거나 날조하면 알 수가 없습니다. 이를 위해 하나의 장을 할애해 데이터 개조 사례와 윤리 규범을 설명합니다(제6장).

6 책에서는 빅데이터만이 데이터 사이언스의 대상이 아니라고 하지만, 빅데이터 역시 데이터 사이언스의 중요한 대상입니다. 따라서 빅데이터 활용이라는 시점에서 봤을 때 데이터 사이언스와 AI 및 기계학습의 관계를 하나의 장을 할애해 설명합니다(제7장).

데이터 사이언스라는 말은 최근 몇 년 동안 사용 빈도가 무척 늘었습니다. 그런 의미에서 하나의 유행어처럼 되었고, '유행은 폐물(廢物)'이라는 속담이 있다고는 하지만 앞서 언급했듯 '데이터화 사회'에서는 데이터가 중요한 의미를 가진 이상 데이터를 대상으로 하는 과학이 폐물이 되는 것은 생각할 수 없기에 미래에 다양한 분야를 포함한 데이터 사이언스의 내용 및 체계가 정리되지 않을까 싶습니다. 이 책을 통해 독자 여러분이 데이터에 관심을 가지고, 데이터 사이언스에 대한 이해가 깊어진다면 좋겠습니다.

끝으로 감사의 뜻으로, 데이터 사이언스 그림책이 출판된 데 기술평론사의 사토 다미코 씨와 일러스트레이터 요네무라 도모미치 씨가 함께해주셨습니다. 또, 데이터와 자료를 정리해주신 시즈오카 대학 대학원생인 오세키 아키히도 씨에게도 감사의 뜻을 표합니다.

감사합니다.

저자 소개

우와후지 이치로上藤一郎

시즈오카(静岡) 대학 인문사회과학부 교수. 전공은 통계학, 과학사(통계학사, 확률논사). 데이터 사이언스 관련 저서·번역으로 [データサイエンス入門 – Excelで学ぶ統計データの見方・使い方・集め方] 옴사 (공저), [調査と分析のための統計 – 社会・経済のデータサイエンス] 丸善(마루젠) (공저), [数式なしでわかるデータサイエンス-ビックデータ時代に必要なデータリテラシー] 옴사 (번역) 등

역자의 말

데이터 사이언스라고 하면 데이터 과학, 빅데이터와 관련된 과학 정도가 어렴풋이 떠오르리라 생각이 든다. AI와 관련하여 빅데이터가 유행인 요즘에는 데이터 사이언스라고 하면 빅데이터와 연관 지어 생각하는 것이 당연하다는 생각이 든다. 하지만 정보통신기술(ICT)이 발전하여 생활 곳곳에 사용되는 오늘날, 데이터라는 말은 우리 일상에 흔하게 녹아 들어와 있으면서 이 데이터들에 대하여 그렇게 깊이 생각해 본 적은 없을 것이라고 본다.

이 책에서는 데이터 사이언스를 독자들에게 설명하기 위하여 데이터라는 요소에서부터 데이터를 이용하는 통계, 그리고 빅데이터와 AI에 접근할 수 있는 기본 정보를 제시한다.

통계를 깊게 공부하지 않은 사람들은 보통 통계라고 하면 복잡한 수식을 떠올릴 것이고, 방송이나 신문 등의 기사에서나 듣는 단어로 생각할지도 모른다. 하지만 데이터와 통계를 일반인도 충분히 활용할 수 있다는 것을 가르쳐주기 위해서, 이 책이 '입문자를 위한 입문서'가 되고자 데이터와 통계를 설명하는 데 어려운 수식보다는 그림, 도표, 예를 이용하여 쉽게 내용을 이해할 수 있게 만들어졌다.

책을 손에 들고 책의 페이지 순서에 따라 읽어나가면 어렵지 않게 어느새 데이터 사이언스 개념을 익히게 되며, 데이터, 통계, 빅데이터, AI에서 사용되는 용어와 어느 정도 친숙해져 있을 것이다.

이 책이 통계 입문자뿐만 아니라 통계라는 단어를 들어 단순 호기심이 생긴 사람들에게까지 데이터와 통계를 쉽게 이해할 수 있게 되리라 생각한다. 또, 뉴스나 기사 등에서만 사용하는 통계라고 생각하였던 부분이 조금이나마 일상생활에서, 혹은 일하면서 사용해 볼 수도 있다는 통계로 바뀔 수 있는 기회를 얻을 것이라고 생각한다.

다만, 이 책은 외서로 예시와 그림 등에서 일본에 한정된 내용을 포함하며, 다운로드받은 데이터나 사이트가 일본어거나, 번역에서도 관련 부분에 대해서는 일본어 및 관련 주석을 남긴 것에 대하여 양해 부탁드린다. 또, 컴퓨터에서는 일본어로 작성된 파일명이 깨지는 현상이 발생할 수 있는 점은 영문이나 한글명으로 적절히 변경하여 사용하면 되겠다.

독자들에게 통계가 어려운 수식의 세계만이 아닌 편하고 쉽게 접근하는 시작의 기회가 되기를 바란다.

역자 소개

박선필

2002년부터 2003년까지 일본에서 프로그래밍 개발 업무를 하였고, 2004년부터 일본 보안회사 LAC의 한국 법인인 사이버시큐리티라크의 솔루션서비스팀과 보안컨설팅팀에서 한국 및 일본 기업 업무를 하였으며, 2011년부터 안랩(구 안철수연구소)의 기술컨설팅팀에서 컨설턴트로 업무를 하고 있다.

목 차

제 1 장

데이터 사이언스란?

― 데이터와 사회 ―

데이터가 중요한 가치를 가지는 오늘날,
데이터를 활용하는 일은 어느샌가 누구나 몸에 익혀야 하는 기술이 되었습니다.
이를 위한 지식이 바로 '데이터 사이언스'입니다.
지금부터 그 길의 안내자로서, 데이터 사이언스의 세계로 여러분을 안내하겠습니다.

데이터와 사회

현대 사회에서는 데이터가 필수적입니다.
우리는 끊임없이 데이터를 교환하고 있으며,
데이터가 없으면 더 이상 일과 생활이 성립되지 않습니다.
책에서는 이러한 사회를 '데이터화 사회'라 부르겠습니다.

1 우리의 일상 생활과 데이터

오늘날 우리는 더 이상 데이터를 접하지 않으며 지내기
어려워졌습니다. 예를 들어 어제 하루 동안 무엇을 했는지
기억해봅시다.

그림 1-1 생활 속의 데이터

예시로 든 건 어느 집에서나 볼 수 있는 일상 생활의 풍경입니다. 그러나 '데이터와 사회'라는 시점에서 바라보면 ①부터 ⑤까지 전부 데이터 없이는 성립되지 않는 일상 생활의 풍경임을 알 수 있습니다.

먼저 ①번 장면에서는 전파와 광케이블로 영상과 음성 데이터를 수신하고 있습니다.

②번 장면에서는 메일과 LINE으로 텍스트 데이터를 송수신하고 있습니다.

③번 장면은 설명할 필요도 없겠네요.

④번 장면에서는 편의점에 들러 물건을 구매할 때 POS 시스템이 고객의 쇼핑 정보를 데이터로 축적합니다.

그리고 마지막 5번 장면은, 예를 들어 최근 조리기기는 일정 온도 이상이 되면 제어 시스템이 작동해 자동으로 불이 꺼지는 가스레인지, AI(인공지능)가 탑재된 전기밥솥 등 실제로 여러 다양한 기기가 대중화되고 있는데 이러한 기기를 사용하는 예시를 들었습니다.

입욕을 할 때도 설정 온도에 맞게 욕조 물을 데우는 시스템이
보급되고 있습니다. 물론 이런 것들은 데이터가 없다면
동작할 수 없습니다.

이처럼 데이터를 이용하는 시스템이 광범위하게 일상 생활에 쓰이고 있으며, 현대 사회에서는 이런 시스템이 없으면 더 이상 우리들의 생활이 유지될 수 없습니다.

그러나 이런 일상 생활 사례는 어디까지나 우리가 데이터와 데이터를 활용한 결과를 소비하는 입장(중요)임을 전제로 하고 바라본 경우입니다.

당연한 말이지만 소비가 있으면 생산(제공)도 생겨납니다. 그리고 우리 역시
데이터를 소비하기만 하는 것이 아닌, 언제든 '데이터로부터 가치를 창조하는'
생산자 입장이 될 수 있다는 것이 현대 사회가 가진 또 다른 특징이라
할 수 있습니다.

데이터 사이언스는 이를 위해 기본적인 지식을 제공하는 과학입니다.

2 다가온 데이터화 사회

유럽 격언에는 '수가 세계를 지배한다'라는 말이 있다고 합니다. 앞서 언급했듯 모두가 데이터의 소비자이자 생산자일 수 있는 현대 사회에서는 '데이터가 세계를 지배한다'라는 말로 바꿔도 괜찮겠네요.

지금도 매일 데이터를 소비 및 생산하며, 모두가 똑같이 데이터 소비자이자 생산자인 사회를 '데이터화 사회'라 부르기로 한다면 이는 '데이터가 지배하는' 사회라 할 수 있습니다. 그러나 '데이터가 지배한다'고는 했지만 '데이터'가 마치 사람처럼 의지를 가진 하나의 주체로서 우리 생활에 강제적인 영향을 미치는 것을 의미하지 않습니다. 앞서 살펴봤듯 '데이터가 없다면 일상 생활을 평범하게 보내기조차 어려워진다'는 의미입니다.

그 점에서 AI(인공지능: Artficial Intelligence)도 데이터화 사회에서는 하나의 산물입니다.

그림 1-2 데이터가 없으면 생활할 수 없는 데이터화 사회

AI 원리는 간단히 말하자면 빅데이터 등을 사용해 수리모델을 향상 및 개선하고, 여러 방면에서 뛰어난 예측을 하는 시스템입니다. 데이터와 마찬가지로 AI가 사람처럼 의지를 가진 하나의 주체로 우리 생활에 강제적인 영향을 미치지는 않습니다.

그러나 생활의 여러 방면에서 AI가 보급되면 'AI가 없으면 일상 생활에 지장이 있는' 경우가 생기는 일은 불가피합니다. 이는 전력이 없었던 옛날과 달리 '전력이 없으면 일상 생활을 보낼 수 없는' 현대 사회를 생각해보면 명확합니다.

'데이터화 사회'의 도래는 더 이상 피할 수 없고, 우리는 그 영향을 확실하게 받습니다. 그렇다면 현대 사회를 살아가는 우리에겐 '데이터를 아는 것(데이터 활용 능력: Data literacy)'이 필수 교양이라 말할 수 있습니다.

알다시피, 예전에는(근대 이전의 일본에서는) '읽기, 쓰기, 주판'은 많은 사람이 몸에 익혀야 할 지식이었습니다. 오늘날에는 '읽기, 쓰기, 컴퓨터'로 바꿔 말하는 것이 좋겠지만 더 나아가, 이제부터는 '읽기, 쓰기, 데이터'의 시대라 해야 합니다. 데이터를 알고 활용하기 위해서는 데이터 사이언스 지식이 필수적이며, 데이터 사이언스를 배우는 의미도 데이터를 알고 활용하기 위해 있다고 말할 수 있습니다.

그림 1-3 '읽기, 쓰기, 데이터' 데이터 활용 능력(Data literacy)이 중요한 시대

데이터 사이언스와 데이터 사이언티스트

'데이터 사이언스'라는 단어는 최근 몇 년 동안 급속히 사용된 말입니다.
그런 의미에서는 하나의 유행어라고도 할 수 있지만, 사실 데이터 사이언스라는 용어는
이전부터 존재했습니다.

1 데이터 사이언스는 다양한 정의가 가능한 과학

한때 통계학을 대신하는 말로써 '데이터'를 특히 중요하게 본다는 의미로 '데이터 과학' 또는 '데이터 사이언스'라는 용어가 사용되어 왔습니다. 과거에는 이러했기에 이른바 '빅데이터'라는 말의 유행과 함께 데이터 사이언스도 각광받게 되었습니다. 빅데이터에 대해서는 제2장에서 자세히 설명하겠지만, 간단하게 ICT(정보통신기술: Information and Communication Technology)를 통해 끊임없이 수집·축적이 가능한 대규모 데이터라고 할 수 있습니다.

그러나 빅데이터가 데이터 사이언스와 관련이 있다 해도 많은 사람이 데이터 사이언스가 무엇을 연구하는 과학인지 여전히 잘 모르며, 전문가들 사이에서도 충분히 논쟁이 끝난 상태도 아닙니다. 게다가 단순히 통계학의 다른 의미라고 받아들이는 사람도 있으며, 통계학과 정보과학을 융합시킨 과학이라고 생각하는 사람도 있습니다.

즉, 데이터 사이언스에는 명확한 정의가 없다고 할 수 있고, 다르게 말한다면 사람에 따라서 다양한 정의가 가능한 과학이라고 말할 수 있습니다.

다양한 정의가 가능하다고 해도, 데이터 사이언스라 부르는 이상 '데이터'와 관련된 '과학'이 되는 것은 당연합니다.

다만 빅데이터의 중요성과 연동되면서 데이터 사이언스가 '빅데이터만을 대상으로 하는 과학'이라 오해하는 것을 주의해야 합니다. 데이터 사이언스는 글자 그대로 다양한 '데이터'의 '과학'이라 말할 수 있습니다.

여기서 지금까지의 데이터 사이언스를 둘러싼 동향부터, 데이터 사이언스가 되기 위한 필요충분 조건을 정리해보겠습니다.

데이터 사이언스를 정의해보면...

■ 필요조건

① 데이터로부터 구체적인 문제를 해결할 것

② 데이터를 분석하기 위한 통계학 방법(통계학적 방법 · 데이터 해석 방법)을 이용할 것

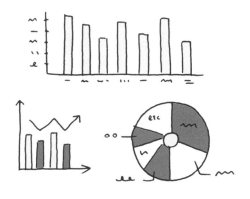

③ 데이터 수집과 분석을 위해 정보처리 기술을 활용할 것

■ 충분조건

문제 해결 요소가 되는 데이터의 특징 및 성질을 중시할 것

이런 필요충분 조건을 전제로, 데이터 사이언스의 연구 프로세스를 플로 차트(flow chart)로 정리한 것이 그림 1-4입니다.

■ 해결할 문제를 명확하게 한다

우선 출발점인 '해결해야 할 문제'는 데이터로부터 어떤 내용을 알고 싶은지, 어떤 문제를 해결할지를 명확하게 해야 합니다. 당연한 말이지만 데이터는 사용해야 의미가 있는 것이지, 데이터가 있는 것만으로는 새로운 문제를 제기해주지는 않기 때문입니다.

■ 필요한 데이터를 모으고 검토한다

문제를 구체화하면 필요한 데이터가 무엇인지도 명확해집니다. '데이터 작성·수집·검토'는 인터넷 등에서 공표된 데이터를 수집하거나, 경우에 따라 스스로 조사한 후 필요한 데이터를 작성하는 일도 있습니다. 또한 모은 데이터를 충분히 신뢰할 수 있는지를 검토하는 일도 필요합니다.

■ 통계학 방법으로 데이터를 분석한다

'데이터 작성·수집·검토'가 끝난 데이터를 사용해 실제로 분석을 하게 되며, 데이터 사이언스에서 가장 중요한 부분입니다.

데이터를 분석하는 방법을 일반적으로 통계학적 방법이라 부르지만, 데이터 중시 사고방식에서는 데이터 해석 방법이라 부릅니다(책에서도 이 단어를 많이 사용합니다). 이런 방법 및 수단의 이론적 기초를 기반으로 한 과학이 통계학입니다. 따라서 그림 1-4에 있는 '통계학 이론과 방법'과 '실제 데이터 해석'은 데이터를 사용한 '이론'과 데이터에 의한 '실증'의 양론으로 데이터 사이언스 연구의 가장 중요한 부분을 차지합니다.

■ 분석 결과를 해석하고, 문제 해결에 도입

데이터에 의한 분석(데이터 해석) 후에는 '분석 결과 해석'을 합니다. 처음에 언급한 '해결해야 할 문제'가 '분석 결과 해석' 한 번으로 순식간에 해결할 수 있다면 더 바랄 것은 없겠지만, 실제로는 통계학 및 데이터 해석의 교과서처럼

'깔끔한' 결과를 얻기란 어렵습니다. '데이터 작성 · 수집 · 검토'로 되돌아가서 시행착오를 반복해가며 '문제 해결'에 도달하는 것이 데이터 사이언스 연구의 정석이라 말할 수 있습니다.

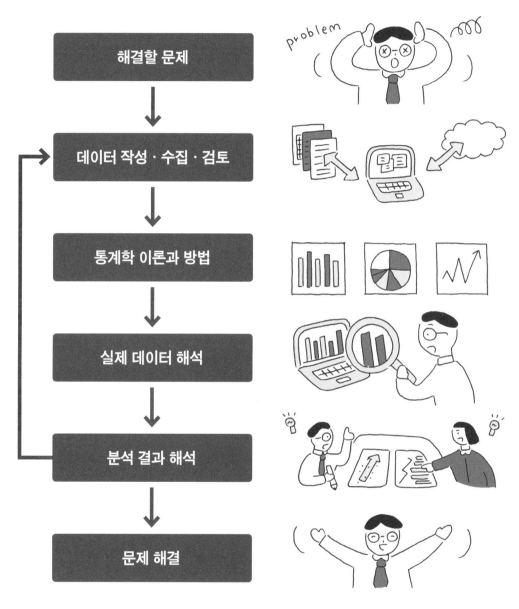

그림 1-4 데이터 사이언스 연구 프로세스

2 데이터 해석의 4가지 공정

앞에서 '통계적 방법 및 데이터 해석 방법을 사용해 실제로 데이터를 해석하는 것은 데이터 사이언스 연구에서 가장 중요한 부분'이라 했습니다.

그러나 그림 1-4에 나타낸 프로세스에는 중복되는 부분도 있습니다. 특히 '데이터 작성 · 수집 · 검토'에 '어떤 수단을 적용할까' 하는 문제는 '어떤 데이터를 취급할까'라는 문제의 영향을 받기 때문에 '통계학 이론과 방법'을 '실제 데이터 해석'과 분리해서 생각하면 안 됩니다. 여기서 '데이터 작성 · 수집 · 검토', '통계학 이론과 방법', '실제 데이터 해석'을 하나의 데이터 해석 프로세스로 생각한 공정은 그림 1-5와 같습니다.

이 공정은 표준적인 데이터 해석 순서를 나타낸 것으로, 제2장부터 제5장에 걸쳐 관련 내용을 다룹니다. 각 공정에 대한 개요를 간단하게 설명하겠습니다.

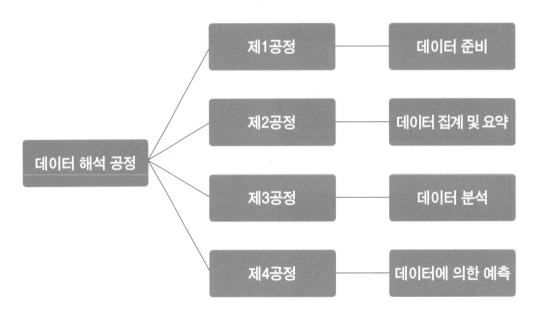

그림 1-5 데이터 해석의 4가지 공정

'제1공정'은 다양한 데이터의 종류 및 특징을 이해하고, 데이터의 질을 검토하는 공정입니다. 제2장에서 다루겠습니다.

'제2공정'은 모은 데이터의 특징을 우선 크게 파악하는 방법입니다. '데이터 해석'의 기초 작업으로, 제3장에서 슈퍼마켓에서 마케팅을 담당하는 회사원 A씨의 사례를 통해서 구체적인 내용을 살펴보겠습니다.

'제3공정'은 다양한 데이터의 특징으로부터 비슷한 패턴을 표시하는 그룹을 분류하는 방법입니다. 제4장에서 대학의 세미나에서 지역 연구를 하는 B씨의 사례를 통해서 구체적인 내용을 살펴보겠습니다.

'제4공정'은 다양한 데이터로부터 특정 문제에 대해서 예측하는 방법입니다. 제5장에서 지역의 공중위생 및 보건문제를 담당하는 보건사 C씨의 조사 사례를 통해서 구체적인 내용을 살펴보겠습니다.

이상이 데이터 사이언스 연구의 가장 중요한 부분인 '데이터 해석' 공정이지만, 특히 '제3공정'과 '제4공정'은 기계학습과 AI의 수리모델과 관련이 깊으므로 주의하기 바랍니다. 관련 내용을 제7장에서 다루겠습니다.

데이터 사이언스라는 말이 일반 대중에게 알려지게 된 이유 중 하나는 데이터 사이언티스트라는 직업을 주목하기 시작하면서입니다.

그림 1-6 Harvard Business Review, October, 2012

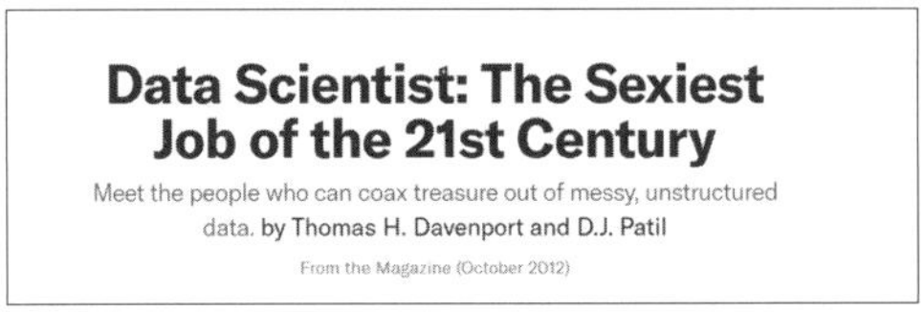

Data Scientist: The Sexiest Job of the 21st Century

Meet the people who can coax treasure out of messy, unstructured data. by Thomas H. Davenport and D.J. Patil

From the Magazine (October 2012)

출처: https://hbr.org/2012/10/data-scientist-the-sexiest-job-of-the-21st-century

국제적으로 저명한 비즈니스 잡지인 '하버드 비즈니스 리뷰'의 2012년 10월호에 '데이터 사이언티스트 - 21세기 가장 매력적인 직업'이란 제목으로 기사가 게재되었습니다(그림 1-6). 이 기사가 알려지며 데이터 사이언티스트라는 직업과 데이터 사이언스라는 과학이 세간에서 큰 관심을 받았습니다.

일본에서도 관심이 높아져 TV 보도정보채널에서 데이터 사이언티스트의 업무를 집중적으로 다루고, 데이터 사이언티스트를 위한 조직이 설립되었습니다.

비즈니스 장에서 데이터 사이언티스트의 업무는 그림 1-4처럼 데이터 사이언스 연구를 전문적으로 하고, 에비던스(데이터, evidence)에 기초해 정확한 판단 및 예측을 할 수 있는 정보를 제공하는 일입니다.

데이터 사이언티스트라는 직업이 중요하게 여겨지는 것은 데이터화 사회가 도래하는 상황과 관계가 있습니다. 이전에는 상당한 시간이 걸리던 데이터 수집부터 분석까지의 작업이 빅데이터 보급 및 통계 계산 소프트웨어의 성능 및 기능 향상, 하드웨어의 고성능화에 따라 신속하게 발전했습니다.

이런 상황이 계속된다면 가까운 미래에는 특별한 전문직 종사자뿐만 아니라 누구나 데이터 사이언티스트의 능력을 몸에 익히게 되는 사회가 도래할지도 모릅니다. 이 책에서는 그 첫 번째 발걸음을 내딛는 사람들을 위한 안내서입니다.

이제 데이터 사이언스의 세계로 들어가봅시다.

제 2 장

데이터를 알자
— 데이터 해석의 제1공정 —

데이터 사이언스에서 가장 중요한 것은 데이터 해석입니다.
데이터 해석은 대략 4가지 공정으로 나눌 수 있지만,
첫 번째, 제1공정은 필요한 데이터를 모은 후, 데이터의 특징 및 성질을 알고
적절하게 분석할 수 있는 데이터 형태로 만드는 일입니다.

데이터 타입을 분류한다

작성 방법에 따라 다양한 데이터 타입이 있다

똑같이 데이터라 부르더라도 데이터의 종류와, 데이터를 만드는 매체도 다양합니다.

자신이 분석할 데이터가 어떤 과정을 통해 만들어졌는지를

아는 것이 데이터 사이언스의 첫 번째 걸음입니다.

속성을 모르는 데이터를 이용하면 잘못된 결과를 도출할 수 있기 때문입니다.

1 조사 데이터와 비조사 데이터 - 데이터 속성을 파악하는 것이 중요

데이터를 작성 방법별로 크게 분류하면 조사 데이터와 비조사 데이터, 2가지 타입으로 분류할 수 있습니다.

앙케트 조사

실험 및 조사

조사 데이터는 자신이 조사한 결과로 얻은 데이터

그림 2-1 조사 데이터와 비조사 데이터

조사 데이터

데이터를 분석하고 싶은 사람이 직접 조사한 후 작성한 데이터입니다. 자연과학 실험 데이터나 관측 데이터 등이 있습니다.

비조사 데이터

자신이 조사하거나 실험, 또는 관측을 통해 데이터를 작성하지 않고, 제3자인 공공기관 및 연구기관이 작성한 데이터입니다.

각 기관이 조사를 통해 데이터를 작성하는 경우도 있지만 네트워크 액세스 및 편의점 쇼핑, 주민센터 등록 등 다른 목적으로 수행된 결과를 출처로 편성된 데이터도 많이 포함합니다.

조사 데이터에 대해서는 다음 절인 '2-2 데이터 특징을 잡아라'에서 다루고, 여기서는 비조사 데이터의 몇 가지 타입을 자세히 알아봅시다.

다양한 비조사 데이터

■ 편의점에서 물건을 살 경우 → POS 데이터

POS 시스템은 편의점을 시작으로 많은 소매점에서 도입하고 있습니다. POS(Point Of Sales)는 '판매 시점'이라는 의미로, 고객이 계산대에서 물건 값을 계산한 시점으로 구입한 상품 가격 및 수량을 집계한 데이터가 작성됩니다.

그림 2-2는 가상의 데이터 예시로, 전국에 있는 체인 편의점의 1일 컵라면 구입 정보를 집계한 결과를 나타냅니다.

계산 시 고객이 편의점에서 사용 가능한 포인트 카드를 이용하면, 고객의 성별 및 나잇대 등도 구입 이력에 링크시킴으로써 판매점에게 유익한 정보를 제공합니다.

순위	상품명	기업명	가격	공통상품 코드	수량	남성	여성
1	A 간장	A사	198	xxxx	1055	650	230
2	B 소금라면	B사	198	xxxx	956	401	205
3	A 돈코쓰	A사	232	xxxx	900	420	203
4	C 씨푸드	C사	216	xxxx	854	322	432
5	C 카레맛	C사	216	xxxx	820	311	365

그림 2-2 '컵라면' 1일 매상 데이터 집계표

그림 2-3 출생신고서

■ 아이가 태어나서 주민센터에 출생신고서를 제출하는 경우 → 공적 통계(업무 통계)

민간기업 및 개인만 데이터를 작성하는 것이 아닌, 정부 및 자치단체도 다양한 데이터를 작성합니다. 오히려 정부 및 자치단체가 중요한 데이터를 작성하는 주체라 말할 수 있습니다.

정부가 작성한 데이터를 '공적 통계'라 하며, 인구조사와 같은 '조사 통계'뿐만 아니라 다양한 행정상의 신고 및 신청을 통해 얻는 정보를 집계한 데이터를 작성하는 경우도 있습니다. 이와 같은 공적 통계를 '업무 통계'라 합니다.

그림 2-3은 '출생신고서'의 샘플입니다. 출생신고서는 아이가 태어났을 경우 주민센터에 신고하기 위한 서류지만, 서류에 기재된 정보는 행정안전부(후생노동성)에 집약되고 1년간 출생자 수 등의 정보를 '인구동향통계'라는 명칭의 데이터로 공표하고 있습니다.

집계된 데이터는 정부 및 자치단체의 저출산정책 등의 정책 입안에 활용되고 있습니다. 물론 우리도 이러한 데이터를 다양한 분석 목적에 활용할 수 있습니다.

■ 인터넷 유통 사이트에서 서적을 구입한 경우 → 빅데이터

웹 사이트에서 다양한 상품을 구입하는 것은 일상적인 일이 되었습니다. 여러분도 아마 한 번쯤 이러한 경험이 있을 것입니다. 유통 사이트에서 상품을 구입할 때에 검색한 상품 페이지에 관련 상품 정보가 표시되는 경우가 있습니다. 이는 유통 사이트에서 구입하므로써 얻어지는 상시 고객의 구입 데이터를 분석해 예측된 것입니다.

그림 2-4는 서적 유통 사이트에서 데이터 사이언스 관련 서적을 검색한 결과를 나타내고 있습니다. 출판사 및 페이지 수 등 서적과 관련된 정보 이외에 '추천 상품' 등의 정보를 보여주고 있습니다. 이는 유통 사이트에서 서적을 검색하는 시점에 같은 서적을 검색한 사람의 구입 성향을 근거로 보여주는 것이며 끊임없이 변화합니다.

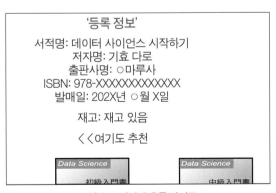

그림 2-4 인터넷 유통 사이트

이처럼 웹상에서 수시로 데이터가 갱신되는 타입의 데이터는 빅데이터에 포함합니다.

앞에서 유통 사이트에서 서적을 구입하는 예시로 빅데이터를 언급했습니다. 여기서 조금 더 자세히 빅데이터에 대해 정의하겠습니다. 하지만 명확한 정의가 있는 것은 아니기 때문에 책에서는 최대공약수적 정의로 서술하겠습니다.

빅데이터

빅데이터라는 명칭으로 보면 '대규모 데이터가 빅데이터'라는 이미지가 있지만 이것만으로는 빅

그림 2-5 빅데이터

데이터를 말할 수 없습니다. 물론 '대규모 데이터'라는 전제를 보다 정확하게 말한다면 빅데이터란 ICT(정보통신기술)을 통해 끊임없이 작성, 수집, 축적이 가능한 '다종, 다량의 데이터'입니다.

유통 사이트의 서적 데이터 및 POS 시스템의 예는 빅데이터의 조건에 맞는 것을 알 수 있습니다.

다종, 다량의 빅데이터는 우리의 일상 생활에서 빼놓을 수 없는 유익한 정보를 제공하고 있습니다. 특히 AI(인공지능)가 빅데이터를 활용하므로 비즈니스 및 의료 분야 등에서 많은 성과를 내고 있습니다.

비빅데이터와 Randomness(임의성)

다음 절에서 설명할 조사 데이터 및 실험데이터 등은 빅데이터와 반대로 비빅데이터라 할 수 있습니다.

또한 조사 데이터는 아니지만 '인구동향통계'와 같은 업무 통계는 ICT를 통해 데이터가 수시로 작성, 수집, 축적되고 있지 않으므로 비빅데이터에 해당합니다.

비빅데이터의 특징 중 하나는 많은 모집단(조사대상 전체)과 표본(Sample, 모집단의 부분집합) 관계를 바탕으로 데이터를 얻을 수 있기에 실제 얻은 데이터는 Randomness를 가정할 수 있다는 이점이 있습니다.

데이터의 Randomness는 알고자 하는 모든 대상(모집단)으로부터 데이터(표본)가 Random하게 추출되는 것을 말합니다. 이로써 표본이 모집단의 특징 및 구조를 가능한 한 충실하게 반영할 수

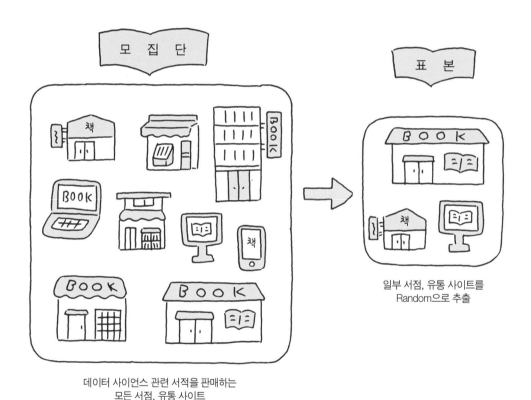

일부 서점, 유통 사이트를
Random으로 추출

데이터 사이언스 관련 서적을 판매하는
모든 서점, 유통 사이트

그림 2-6 Random Sampling으로 모집단으로부터 표본을 뽑는다

있습니다.

서적 판매를 예로 들어봅시다.

그림 2-6은 모든 서점, 유통 사이트로부터 조사한 데이터 사이언스 '책A'의 판매 방법을 나타내고 있습니다.

구체적인 목적은 1주일간 '책A'의 구매율을 조사하는 것입니다. 구매율은 1주일간 구매한 모든 데이터 사이언스 관련 서적의 권수 중 '책A'의 구매 권수 비율입니다.

데이터 사이언스 관련 서적을 파는 서점 및 모든 유통 사이트(모집단)를 조사하고 구매비율을 산출할 수 있다면야 좋겠지만, 이러한 서점은 많이 존재하기 때문에 모두 조사하기란 불가능합니다.

■ Random Sampling(무작위 추출)

여기서 Random Sampling(무작위 추출)이라는 기술을 사용합니다. Random Sampling은 집단에서 랜덤(무작위)으로 샘플(표본)을 추출하는 기법입니다.

적당한 수의 서점, 유통 사이트를 표본으로 랜덤하게 추출하고, 일주일간 데이터 사이언스 관련 서적과 '책A'의 판매부수를 조사해 구매율을 계산합니다.

조사 대상을 랜덤하게 추출하므로 조사 결과로 얻는 판매액 및 판매부수 데이터도 랜덤합니다. 즉, Randomness 가정이 성립합니다. 그 결과로 표본(데이터)으로부터 계산한 판매율은 모집단 전체를 조사해서 알 수 있는 판매율과 대체로 같은 수치(가정치)가 되는 것을 기대할 수 있습니다.

■ 랜덤한 데이터로 전체 집단의 경향을 추정할 수 있다

왜 랜덤한 데이터로 이러한 일이 가능할까요? 그 원리에 대해 간단하게 설명하겠습니다.

검정 상자에 하얀 카드 5,000장, 파란 카드 5,000장이 들어있다고 합시다. 그림 2-7처럼 파란 카드와 하얀 카드가 각각 들어가 있습니다. 여기서 상자에 하얀 카드와 파란 카드가 몇 장 들어 있는지 모르는 A와 B에게 각자 상자에서 100장의 카드를 뽑으라 하고, 그 결과에 따라 하얀 카드의 비율을 정하는 걸로 하겠습니다.

그림 2-7처럼 A는 상자의 윗부분에서 카드를 뽑았기 때문에 100장의 카드가 모두 하얀색이고 이

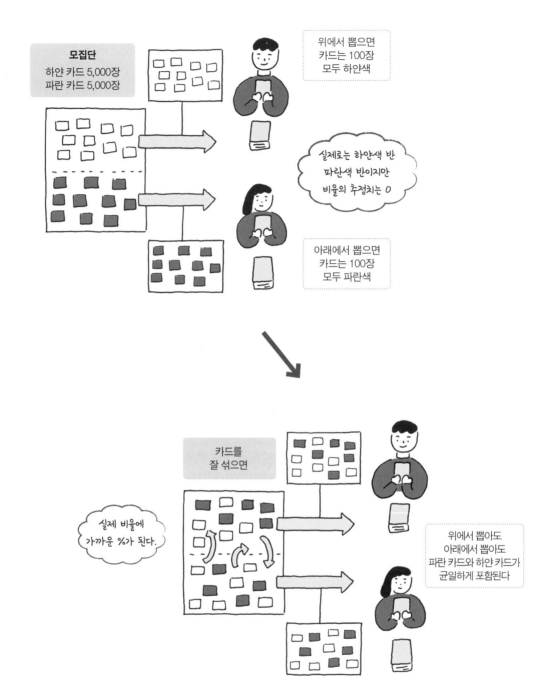

그림 2-7 데이터의 랜덤화

결과로부터 얻은 비율의 추정치는 100%입니다. 이와는 다르게 B는 상자 아랫부분에서 카드를 뽑았기 때문에 100장의 카드가 모두 파란색이고 비율의 추정치는 0%입니다.

어느 추정 결과도 진정한 비율인 50%가 아닌 것은 확실합니다. 그러면 하얀색과 파란색이 각각 50장이 되거나, 50장에 가까워지기 위해서는 카드를 어떻게 뽑는 것이 좋을까요? 검은 상자 안의 카드를 잘 섞어서 하얀 카드와 파란 카드가 균일하게 섞여 있도록 하면 될 것입니다.

'잘 섞는다'는 행위가 랜덤화에 해당하고, 여기서 100장을 뽑는 것이 Random Sampling에 해당합니다. 그 결과로 뽑은 카드(데이터)는 랜덤으로 선택되었다는 의미로 Randomness 가정이 성립되었다고 하겠습니다.

이 원리를 그림 2-6 서적 판매 조사에 응용해봤을 때 데이터 사이언스 관련 서적을 취급하는 모든 서점, 유통 사이트에서 랜덤하게 서점을 추출할 수 있다면 데이터의 Randomness를 보증할 수 있습니다.

빅데이터의 문제점

비빅데이터와 대조적으로 빅데이터는 데이터가 끊임없이 작성, 수집, 축적되므로 시간이 변화함에 따라 판매 추이를 파악할 수 있다는 이점이 있습니다.

그렇다고 문제가 없는 것은 아닙니다. 특히 편향(Bais)이 존재하므로 데이터의 Randomness 가정이 어렵습니다. '책A'의 사례로 보면 이 경우 빅데이터는 특정 유통 사이트를 통해 동일 서적의 구입 정보를 수집하고 있기 때문에 여기서 계산된 판매율은 하나의 유통 사이트의 실적을 보여주는 것뿐입니다. 따라서 전체 판매를 나타내는 추정치로 보기 어려우며, 확률의 척도로써 확실한 추정치로 평가하기가 어렵습니다. 즉, 모집단을 대표하는 판매율이 되기는 어렵습니다.

데이터 특징을 잡아라

'대상', '속성', '척도'의 파악이 중요

여러 데이터를 이용해서 분석을 하는 경우, 무엇보다 중요한 것은
데이터의 특징 및 속성을 확실히 이해하는 것입니다.
데이터의 특징을 파악하기 위해서는 '대상', '속성', '척도'를 파악해야 합니다.

1 변수와 데이터

데이터를 분석하기 전에 사용할 데이터에 대해 다음 3가지를 파악합니다.

데이터 특징을 파악하기 위한 3원칙

① **대상** : 어떤 대상을 데이터화했는가?
② **속성** : 대상의 어떤 속성을 데이터화했는가?
③ **척도** : 어떤 척도로 데이터화했는가?

다음과 같은 조사를 예로 생각해봅시다.

- A시에 살고 있는 100명에게 앙케트 조사를 한다
- 조사 테마는 '지역 커뮤니케이션 및 마을 만들기에 대해'
- 질문 항목은 방화, 안전, 생활의 편리함에 관한 커뮤니티 활동 참가 및 추후 마을에 대한 needs(요구) 등

그림 2-8은 앙케트 조사를 하기 위한 조사표의 일부분이며, 조사표로부터 3원칙에 대해 다음과 같은 내용을 알 수 있습니다.

① **대상** → A시에 거주 중인 주민 100명(개인)

② **속성** → 개인별 지역 커뮤니티 활동 여부 추후 마을에
　　　　　대한 생각

③ **척도** → 문1과 문4는 선택지 번호, 문2와 문3은 실제 수치

앙 케 트

문1: 당신의 성별은 무엇입니까?

　　　① 남　　　　　② 여

문2: 당신의 나이는 어떻게 되십니까?

　　　(　　　　　)세

문3: 자택에서 가장 가까운 주민회관까지의 거리는 어떻게 됩니까?

　　　(　　　　　)㎞

문4: 다음 중 참가 중인 지역 커뮤니티를 선택해주세요

　　　① 주민소방대　　　　　② 방범, 패트롤 활동

　　　③ 쓰레기 수거, 청소 등의 환경활동

　　　④ 고령자를 위한 복지활동

　　　⑤ 육아지원활동

　　　⑥ 어린이회, PTA활동

　　　⑦ 지역 체육회 등 스포츠 활동

　　　⑧ 지역 이벤트(축제 행사 등) 운영

그림 2-8 앙케트 조사 예

변수는 데이터의 의미 및 특징을 나타내는 기본 정보

앙케트 조사를 마치고 조사표를 회수해도 그 상태로 분석을 할 수는 없습니다. 조사표에 기재된 결과를 데이터셋으로 입력하고 분석에 활용할 수 있는 형식으로 정형화하는 작업이 필요합니다.

자주 활용하는 방법은 표 계산 소프트 Excel 등으로 행과 열의 셀로 된 표 형식 스프레드시트에 조사표의 수치를 입력해 데이터를 작성하는 방법입니다.

■ 데이터셋과 데이터 포인트

그림 2-9는 그림 2-8의 조사표를 기반으로 작성한 스프레드시트 형식의 데이터를 나타내고 있습니다. 이처럼 조사표의 결과를 전부 입력한 수치의 집합을 데이터셋, 각 셀에 입력된 수치를 데이터 포인트라 부릅니다.

■ 개표(個票)와 개표 데이터

이런 형식의 데이터는 각 행의 데이터 포인트 집합이 조사에

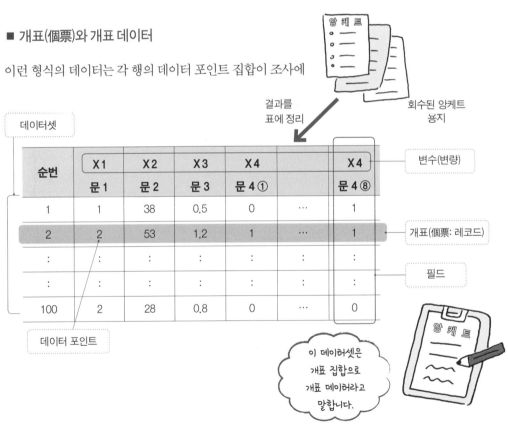

그림 2-9 스프레드시트 형식 데이터셋

응한 사람의 답변 정보를 개별로 표시하게 됩니다. 이것을 개표라 하고, 개표의 집합인 데이터셋을 개표 데이터라고 합니다.

■ 변수

각 질문에 관한 데이터 포인트 집합은 각 열에 표시됩니다. 각 열의 데이터 집합을 필드라고 부르며, 이들의 의미 및 특징을 대수(代數, 기호)로 표시한 것을 변수 또는 변량이라 부릅니다. 이 사례에서는 X1~X4가 변수가 됩니다.

변수 X1, X2, X3는 하나의 질문에 대해 하나의 대답을 구하는 단일회답 질문 항목입니다. 1열의 각 데이터 포인트 집합이 각 변수를 나타냅니다.

변수 X4는 질문4가 복수회답으로 선택지의 수에 해당하는 8개의 열 전체가 1개의 변수가 됩니다. 따라서 변수X4는 데이터 포인트 수치를 선택지의 수치(①~⑧)가 아닌 각 선택지에 대해 '참가 중이다 → 1', '참가하지 않고 있다 → 0'으로 입력합니다.

변수에 주목하면…

> 단일회답(SA)의 질문 항목. 각각 1열의
> 데이터 포인트 집합이 각 변수를 표시한다

(SA : Single Answer)
(MA : Multi Answer)

순번	X1 문 1	X2 문 2	X3 문 3	X4 문 4 ①		X4 문 4 ⑧
1	1	38	0.5	0	…	1
2	2	53	1.2	1	…	1
:	:	:	:	:	:	:
:	:	:	:	:	:	:
100	2	28	0.8	0	…	0

데이터셋 … 조사표의 결과를 입력한 수치 집합
데이터 포인트 … 각 셀에 입력된 수치
개표(個票: 레코드) … 앙케트로 얻은 회답 정보
필드 … 각 열의 데이터 집합
변수(변량) … 데이터의 의미 및 특징의 기호 표시

> 복수회답(MA)의 질문 항목. 선택지 개수에 해당하는 8개의 열 전체가 1개의 변수. 각 선택지에 대해 '참가 중이다 → 1', '참가하지 않고 있다 → 0'으로 입력되어 있다.

그림 2-10 질문 항목과 변수

변수의 3가지 타입

변수는 속성을 계측할 척도에 따라 3가지 타입으로 분류할 수 있습니다. 3가지 타입을 앎으로써 데이터의 수학적 특징을 구체화합니다.

① 연속 변수

데이터의 수치가 연속적인 양
(소수점을 포함할 수 있는 데이터)

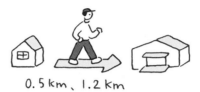

② 이산 변수

데이터의 수치가 이산적인 양
(소수점을 포함할 수 없는 정수 데이터)

③ 카테고리 변수

데이터의 수치가 명의적
(수학적 의미를 가지지 않는 수치 데이터. 크기를 표시하는 숫자가 아님)

그림 2-8의 앙케트 조사에서는 문3(가장 가까운 주민회관까지의 거리)이 연속 변수, 문2(나이)가 이산 변수, 문1(성별)과 문4(참가 중인 활동 종류)가 카테고리 변수에 해당합니다.

또한 카테고리 변수는 예를 들어 문1처럼 '남성→ 1', '여성→ 2'인 경우에 1과 2라는 수치는 수학적으로 크거나 작은 관계를 나타내지 않는 명의적인 것입니다.

그러나 선택지의 수치가 순서를 표시하는 경우도 있으므로 주의해야 합니다. 예를 들어 마을에 '① 희망합니다 ② 모르겠습니다 ③ 희망하지 않습니다'라는 선택지를 설정한 질문에서 수치는 엄밀히 말해 크고 작은 관계는 없지만 1부터 3에 걸쳐 순서대로 희망 여부가 작아집니다.

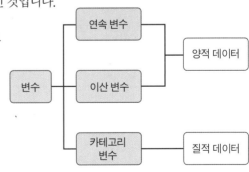

그림 2-11 변수와 데이터의 관계

2 양적 데이터와 질적 데이터

변수별로 얻은 실제 수치(실현치)가 데이터입니다. 앞서 살펴봤듯 변수 타입에 따라 수치로서의 데이터의 의미도 다릅니다.

연속 변수와 이산 변수 데이터 → 양적 데이터

연속 변수 및 이산 변수와 같이 데이터의 수치에 수학적인 대소관계가 성립하는 경우 양적 데이터라 합니다.

'양적 데이터의 예'

- 물건 및 동물을 대상으로 한 측정 데이터
- 기업 등을 대상으로 한 판매 데이터

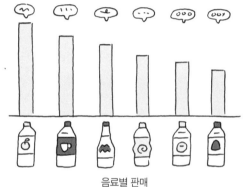

음료별 판매

카테고리 변수 데이터
→ 질적 데이터

한편 카테고리 변수처럼 수치가 명의적이거나 단순히 순서만을 표시하는 경우는 질적 데이터라 합니다.

양적 데이터와 질적 데이터의 차이는 데이터 해석 방법의 차이와 직결됩니다. 데이터 타입에 따라 각각 독자적인 방법론이 체계화되어 있기 때문입니다.

또한 제3장~제5장에서는 다양한 데이터 해석 방법과 실제 적용 예를 소개하지만, 기본적으로 양적 데이터의 경우와 질적 데이터의 경우를 구별해 다루므로 주의합시다.

'질적 데이터의 예'

- 개인을 대상으로 한 의식 조사
- 개인, 세대, 사업소를 대상으로 한 사회 조사

참가한 경험이 있는 자원봉사 활동

청소	30%
행사 지원	25%
소방훈련	15%
패트롤	5%

3 개표(個票) 데이터와 집계 데이터

실제 데이터 분석에서는 양적 데이터와 질적 데이터의 구별도 중요하지만 개표 데이터와 집계 데이터의 구별도 중요합니다.

개표 데이터 → 각 대상을 계측한 데이터셋

개표 데이터는 지역 커뮤니티 활동의 데이터셋처럼 실제로 모든 대상으로부터 얻은 조사표의 정보 데이터로 마이크로 데이터라고도 합니다. 여기서 개표(個票, 레코드)는 각 대상의 데이터 포인트의 집계를 의미합니다.

예를 들어 지역 커뮤니티 조사 데이터셋에서는 '순번 → 1' 대상자의 경우 '문 1 → 1', '문 2 → 38', '문 3 → 0.5', '문 4 ① → 0' ⋯ '문 4 ⑧ → 1'이며, 이 집합이 대상자 1의 개표가 됩니다.

개표 데이터(마이크로 데이터)

조사 대상의 개별 정보를 수치화

나이(변수 X2)
만 뽑아낸다

순번	X1 문 1	X2 문 2	X3 문 3	X4 문 4 ①		X4 문 4 ⑧
1	1	38	0.5	0	⋯	1
2	2	53	1.2	1	⋯	1
:	:	:	:	:	:	:
:	:	:	:	:	:	:
100	2	28	0.8	0	⋯	0

대상1에 대한
개표(레코드)

원시 데이터

그림 2-12 개표 데이터와 집계 데이터

집계 데이터 → 개표 데이터를 집계한 데이터셋

한편 개표 데이터를 집계해 얻은 데이터를 집계 데이터 또는 매크로 데이터라고 합니다.

데이터 해석 방법은 분석자인 본인이 조사 및 실험을 하며 데이터를 작성하는 것을 전제로 개발되었습니다. 즉, 개표 데이터 분석이 전제가 됩니다. 그러나 한편에서는 정부가 제공하는 공적 통계 및 인터넷으로부터 얻을 수 있는 많은 외부 데이터는 데이터 보호(조사 대상자의 프라이버시 보호)의 관점에서 집계 데이터로 제공되고 있습니다.

같은 수단으로 같은 분석을 해도 개표 데이터와 집계 데이터가 의미가 다른 경우가 자주 있으므로 주의 바랍니다.

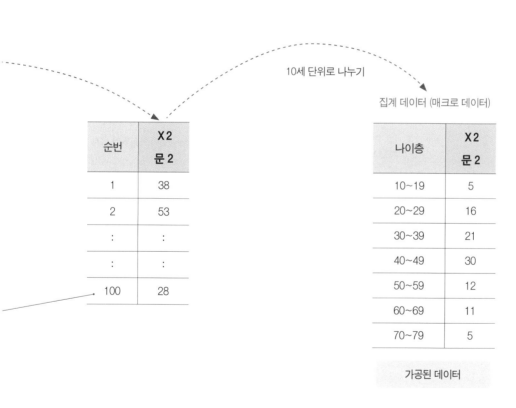

10세 단위로 나누기

집계 데이터 (매크로 데이터)

순번	X 2 문 2
1	38
2	53
:	:
:	:
100	28

나이층	X 2 문 2
10~19	5
20~29	16
30~39	21
40~49	30
50~59	12
60~69	11
70~79	5

가공된 데이터

데이터를 준비한다
조사 데이터를 작성하거나, 집계 데이터를 활용한다

데이터 사이언스는 데이터가 전부입니다.

직접 조사하거나 실험을 통해 데이터를 작성하든(order made data),

외부로부터 데이터를 수집하든(ready made data),

적절한 방법으로 데이터를 해석하기 위해서는

좋은 데이터를 준비하는 것이 필요합니다.

① 문제 설정	② 모집단 설정	③ 조사표 작성

올바른 조사를 하기 위해서는 먼저 목적과 문제를 확실히 정해야 합니다. 이번 사례에서는 'A시의 시민이 어떻게 지역 커뮤니티 활동에 참가하는가?' 또는 '다양한 활동에 대해서 어떤 인식을 가졌는가?'를 아는 것입니다.

시민을 대상으로 조사를 하기 때문에 모집단은 A시의 시민입니다. 또한 이런 타입의 조사에서는 개인을 대상으로 할지, 세대를 대상으로 할지에 따라서 데이터의 해석이 달라집니다. 사례에서는 시민 의식을 문제로 하기 때문에 개인을 대상으로 합니다.

조사자(A시)가 구체적으로 무엇을 알고 싶어 하는지에 따라 질문 항목을 결정합니다.

질문 항목은 가능한 적게 합니다(질문 수가 많을수록 답변 회수율이 낮아진다). 중복된 질문이 포함되어 있지 않는지, 특정 회답을 유도하는 질문이 있는지 등을 충분히 검토할 필요가 있습니다. 또한 외부 집계 데이터를 사용하는 경우, 조사표를 입수할 수 있다면 이러한 점들을 확인하는 것이 좋습니다.

그림 2-13 데이터 작성 과정

데이터란 문제를 해결하기 위한 '도구'입니다. 도구는 자신이 편한 사용법을 합친 order made가 일반적인 ready made보다 사용하기 편리하며, 데이터도 마찬가지입니다. 여기서 order made 데이터 예로 조사 데이터를 작성하는 과정을 알아봅시다.

2-2절 '지역 커뮤니티 활동에 관한 앙케트 조사'를 사례로 조사 데이터 작성 과정을 알아봅시다.

본래라면 해결하고 싶은 문제를 직접 조사해 데이터를 작성하는 것이 바람직하며, 이것이 가능하다면 데이터를 해석할 때 개표 데이터를 자유롭게 사용할 수도 있습니다.

④ 조사 대상 추출

⑤ 조사표 배포와 회수

column

웹 조사

모집단으로부터 랜덤으로 조사 대상을 추출합니다.

시청 등 행정기관에서는 주민표 및 선거인명부를 사용해 추출 대상자의 리스트(모집단 리스트, 샘플링 프레임)로부터 조사 대상자를 추출할 수 있지만, 일반인들은 일반적으로 이런 작업이 불가능하기에 주의하기 바랍니다. 조사를 가벼운 마음으로 할 수 없는 큰 이유이기도 합니다.

조사 데이터의 질을 판단하는 하나의 지표가 회수율입니다. 열심히 랜덤 샘플링으로 조사 대상을 추출해도 답변이 적다면 회수된 표본 전체의 Randomness 가정도 왜곡됩니다.

외부에서 작성한 집계 데이터도 마찬가지이므로 이용할 때는 회수율을 확인하는 것이 필요합니다.

책에서는 종이 매체의 조사표를 배포, 회수하는 것을 전제로 하지만 웹으로 조사하는 방법도 있습니다. 그러나 웹 조사는 모집단 설정이 어렵고 표본으로 회수한 회답 결과의 편향에 큰 문제가 있으므로 주의합니다.

그러나 비용 및 시간이 들며, 가벼운 마음으로 조사를 할 수도 없습니다. 대신 공공기관 및 연구기관이 실시한 조사 데이터를 사용하는 일이 많아졌습니다.

이처럼 조사 데이터는 이용 가능한 데이터 중 대부분이 집계 데이터라는 점에 주의합니다. 그러나 외부에서 작성된 집계 데이터를 사용하더라도 데이터가 어떤 과정을 거쳐 작성되었는지를 아는 것은 데이터의 질을 판단할 때 중요합니다.

2 웹에서 데이터 수집

웹상에서 수집할 수 있는 외부 데이터는 집계 데이터

일반적으로는 조사를 통해서 알고 싶은 데이터를 직접 얻기란 간단한 일이 아닙니다. 또한 '일본의 총 인구를 알고 싶다'고 해도 개인이 조사하는 데는 한계가 있습니다. 이런 경우 외부에서 작성한 데이터를 활용하는 방법을 생각할 수 있습니다.

최근에는 다양한 행정기관 및 기업이 작성한 데이터를 웹상에서 간단하게 얻을 수 있습니다. 이러한 외부 데이터는 '개인정보비밀(개인 및 세대 데이터)' 및 '영업상 비밀(기업)' 등으로 대부분 집계 데이터 형태로 제공되고 있으며, 이러한 이유로 개표 데이터보다는 사용하기 편리하지 않다는 점에 주의합니다. 또한 웹에서 얻은 데이터는 출처가 명확한지, 작성 방법이 명시되어 있는 데이터인지 확인합니다. 속성을 모르는 데이터를 이용할 경우 위험합니다.

웹에서 얻은 집계 데이터의 문제점

웹에서 얻은 집계 데이터로 작업하다 보면 다양한 문제에 직면하기도 합니다. 정부의 통계 데이터(공적 통계)를 사례로 관련 문제를 알아보겠습니다. 각 부처가 작성하는 많은 통계 데이터는 총무성통계국의 'e-Stat'라는 포탈 사이트를 통해 검색하거나 얻을 수 있습니다(그림 2-14).

이 사이트에서 '인구조사(国勢調査)' 키워드로 검색하고, 일본의 나이별 취업자 수의 데이터를 얻어봅시다. 'e-Stat'의 사용법은 부록에 자세히 설명했습니다.

그림 2-15는 2015년 시즈오카현(静岡県)의 각 도시의 취업자 수를 나이별로 보여주고 있지만, 그림 2-15-1이 보여주는 각 나이별 취업자 수의 데이터는 시즈오카시(静岡市)와 하마마쓰시(浜松市)만 보여주고, 그 이외의 도시는 5세 단위별로 취업자 수 데이터만을 공표하고 있습니다(그림 2-15-2). 작은 도시는 각 나이별 데이터를 공표하면 개인이 특정될 가능성이 있기 때문입니다. 이처럼 외부 집계 데이터를 이용하면 자유롭게 집계 구분을 조합할 수가 없고, 정밀한 분석을 하는 데도 한계가 있습니다.

그림 2-14 e-Stat (총무성통계국)

2-15-1 나이별 취업자 수

나이	시즈오카현 (静岡県)	시즈오카시 (静岡市)	하마마쓰시 (浜松市)
15세	316	46	76
16세	981	168	199
17세	1,474	265	285
⋮	⋮	⋮	⋮

2-15-2 나이 단위별 취업자 수

나이 단위	시즈오카현 (静岡県)	시즈오카시 (静岡市)	하마마쓰시 (浜松市)	누마즈시 (沼津市)	아타미시 (熱海市)	⋯
15~19세	22,452	4,256	5,091	972	267	⋯
20~24세	102,938	19,879	23,245	4,840	868	⋯
25~29세	145,762	26,672	32,984	7,128	901	⋯
⋮	⋮	⋮	⋮	⋮	⋮	⋮

시즈오카시(静岡市)와 하마마쓰시(浜松市)에서는 1세 단위로 취업자 수가 있지만, 다른 시는 5살 단위의 데이터만 있습니다.

그림 2-15 시즈오카현(静岡県)의 각 도시의 취업자 수

데이터를 정형화한다

모은 데이터를 정형화하는 것이 중요

요리를 잘 만들기 위해서는 먼저 식자재 손질 작업을 빼놓을 수 없듯이
데이터를 올바르게 해석하려면 데이터 손질이 필요합니다. 오입력 및 결측치(손실값) 등에 대해
적절한 처리를 해야 하며, 이러한 밑작업을 데이터 정형이라 합니다.
밑작업을 하지 않은 '불량 데이터(dirty data)'를 정제하는 작업은
데이터 클렌징 및 데이터 클리닝이라 합니다.

1 데이터를 정형화하는 것은 - 효율적인 데이터 분석을 위해서는 데이터 정형이 중요

모은 데이터를 분석하기 위해서는 데이터를 사용하기 쉽게 하기 위해 정리정돈하는 것이 중요합니다. 데이터의 정리정돈을 데이터 사이언스에서는 데이터 정형이라 하고, 분석 결과의 성공 여부는 올바르게 '정형화'했는지 여부에 있다고 해도 과언이 아닙니다.

또한 여기서 말하는 정리정돈은 데이터의 편리한 사용을 위한 것만이 아닌 데이터 오입력 및 문제점 등이 없도록 데이터를 깨끗하게 청소하는 것도 포함합니다. 이런 의미로 데이터 정형을 데이터 클렌징 및 데이터 클리닝이라고도 합니다.

데이터 정형을 하는 데 제일 기본적인 작업은 그림 2-16에 나타낸 4가지입니다.

오입력된 데이터를 수정한다

우선 '오입력 데이터 수정' 작업은 필수적입니다.

데이터 사이언스는 글자대로 '데이터'가 전부인데, 오입력된 데이터를 방치하고 분석하면 편향(Bais)된 결과를 유도할 수 있으니 주의합니다.

데이터 입력을 통일한다

직접 조사 등을 통해 데이터를 입력 및 작성할 때에는 '데이터 표기'에 주의가 필요합니다.

그림 2-17은 양판점의 구매처에 관한 가상의 데이터셋을 보여줍니다. 변수 '구매처'의 문자 데이터를 보면 ID1에서는 '㈜ 데이터상사', ID2에서는 '데이터상사 주식회사'로 되어 있습니다.

이것이 다른 회사라면 문제는 없지만 같은 구매처였다면 컴퓨터에서는 다른 '구매처'로 인식됩니다.

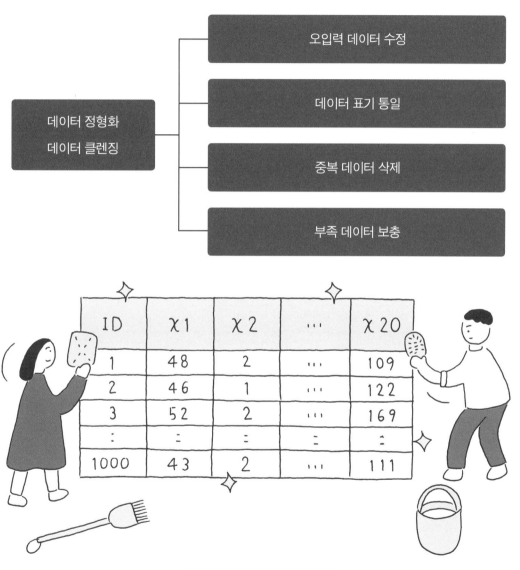

그림 2-16 데이터 정형화 기본 작업

ID3과 ID100을 명확하게 같은 거래처로 보는 걸로는 이해할 수 있지만, '주식회사'와 '사이언스' 사이의 공백 유무에 따라 컴퓨터가 다른 문자 데이터로 인식할 가능성이 있습니다. 이러한 데이터 입력 시(특히 문자 데이터의 경우는) 표기 방법을 통일하는 작업이 필요합니다.

중복 데이터 삭제와 부족 데이터 보충

중복 데이터 삭제 및 데이터 부족은 외부에서 집계 데이터를 수집한 경우 많이 발생하는 문제입니다. 중복 데이터가 있다면 이미 수집된 데이터 중에서 중복된 데이터를 찾아 삭제하면 되므로 '어떤 것이 중복되었는가?'를 살펴보면 데이터 클렌징이 가능합니다. 하지만 부족한 데이터를 보충할 때는 경우에 따라 수집 불가능한 경우가 있으므로 주의해야 합니다.

같은 회사? 아니면 다른 회사?

ID	거래 상품	거래처	단가	수량	...
1	ID001	㈜데이터상사	100	720	...
2	ID002	데이터상사 주식회사	120	1200	...
3	ID003	주식회사 사이언스	80	900	...
:	:	:	:	:	:
100	ID100	주식회사 사이언스	500	765	...

보기에는 같은 회사로 보이지만
컴퓨터에서는 다른 회사로 판단된다

그림 2-17 데이터 정형화 시 표기 통일은 특히 중요

직접 조사를 통해 데이터를 작성하는 경우, 회수한 조사표 항목에 무응답이 포함되어 있는 문제를 자주 직면할 수 있습니다. 당연한 일이지만 무응답 데이터 포인트는 데이터 수치가 존재하지 않는 것으로 처리할 수 없습니다.

이처럼 존재하지 않는 데이터 포인트를 결측치라 하고, 결측치를 포함한 데이터셋을 불완전 데이터라고 합니다. 이와 반대로 결측치가 없는 데이터셋을 완전 데이터라 합니다.

그림 2-18은 100명을 대상으로 10개의 질문 항목(변수 X1~X10)에 답변을 요청한 조사 결과 데이터셋입니다. ID2의 'X2: 문2', ID3의 'X3: 문3', ID100의 'X10: 문10'이 공백으로 되어 있는데, 이 부분의 데이터 포인트가 결측치에 해당하므로 그림 2-18의 데이터셋은 불완전 데이터입니다.

결측치를 보여주는 데이터 포인트는 '공백'으로 할지, 질문 항목의 답변으로 있을 수 없는 수치, 예를 들어 '999' 등의 수치를 입력하고 실제로 데이터를 해석할 때에 이것이 결측치임을 정의할 필요가 있습니다.

주의할 것은 '공백'의 경우 결측치지만 '0'은 아닙니다.

그림 2-18의 'X3: 문3'의 ID100의 데이터 포인트는 '0'으로 '0'이라는 의미의 데이터 포인트이지 ID3의 '공백'과는 다릅니다.

결측치

ID	X1 문1	X2 문2	X3 문3	··· ···	X10 문10
1	1	38	0.5	···	358
2	2		1.2	···	400
3	1	53		:	129
:	:	:	:	:	:
100	2	28	0	···	

그림 2-18 불완전 데이터와 결측치

불완전 데이터는 개표 데이터에서는 문제가 없지만, 외부로부터 얻은 수집 데이터에는 포함된 경우도 있으니 주의합시다.

불완전 데이터는 '본래 있어야 할 데이터가 없는' 데이터로 이런 데이터를 사용한 분석은 '본래 있어야 할 완전 데이터의 분석 결과'를 왜곡할 가능성이 있습니다. 이런 문제를 해결하기 위해 결측치를 추정치로 바꾸어 불완전 데이터를 보수하고 완전 데이터에 가깝게 데이터셋으로 복원하는 기술이 개발되어 있습니다(단일대입법 및 다중대입법 등).

또한 추정치를 사용해 결측치를 보수하는 것을 '보정' 또는 '보완'이라 하지만, 이런 결측치를 보정하는 것도 넓은 의미로는 데이터 정형화에 해당합니다.

3 이상치 - 이상치의 판단과 처리는 데이터 클렌징 대상

변수별로 정리한 데이터를 점검하면 극단적으로 큰 수치 및 극단적으로 작은 수치의 데이터 포인트가 데이터셋에 포함되어 있기도 합니다. 또는 실제로 데이터를 해석할 때 이런 데이터 포인트가 존재함을 알아차리기도 합니다.

각각의 변수에서 극단적인 수치를 나타내는 데이터 포인트를 이상치라 하며, 이런 데이터 포인트가 있는지 여부에 따라 분석 결과가 크게 달라지는 경우도 있기 때문에 데이터 클렌징 대상이 되지만 그전에 충분한 조사가 필요합니다.

조사 데이터 사례로 설명하면 그림 2-17처럼 단순한 데이터 오입력이라면 조사표를 재점검하면 수정이 가능합니다. 또는 조사 답변자가 오기입한 데이터일 경우에도 변수의 의미를 검토하면 오기입이라는 사실도 알 수 있습니다.

그림 2-19는 대학의 학생 조사에 관한 가상의 데이터셋입니다. 데이터셋에서 이상치일 가능성이 있는 수치가 적어도 2개 있습니다. ID100의 '키'와 '부모의 연수입' 수치입니다.

변수 '키'는 단위를 '미터'로 기입하는 질문 항목이지만, ID100은 '170'으로 되어 있습니다. 이것은 답변자가 부주의하게 '센티미터' 단위로 '170'이라 기입한 것이라 생각할 수 있고, 다른 변수 수치와 비교해도 오기입했다는 사실을 명확하게 알 수 있습니다.

한편 '부모의 연수입'에 대해서는 확실한 오기입으로 판단할 수 없습니다. 만일 단위 '만 엔'을 '엔'으로 답변자가 오해했다고 해도 부모가 그 해에 '실업 상태'라면 3.5만 엔이라는 수치는 반드시 합리적이지 않으므로 사실이 아니라고 말할 수 없습니다. 또는 답변자가 정확하게 단위를 '만 엔'으로 이해했다고 해도 3억 5천만 엔이라는 수치가 합리적이지 않으므로 사실이 아니라고 말할 수 없습니다.

■ 이상치를 판단하기 힘든 경우

이처럼 이상치가 정상 수치인지 여부를 판단하기 힘든 일이 자주 있습니다. 이 경우 이상치를 클렌징하지 않고, 그대로 데이터셋에 포함해도 괜찮습니다. 다만 이상치를 포함한 변수를 허용해 분석할 때는 해당 변수가 이상치일 수도 있다는 점을 이해하고 이상치의 영향을 받지 않는 데이터 해석 방법을 선택하는 것이 바람직합니다.

또한 데이터 포인트 수치가 이상치인지 아닌지 판단하는 기준 및 이상치의 영향을 받지 않는 방법에 대해서는 제3장을 참조하기 바랍니다.

ID	학년	성별	신장(m)	…	부모의 연 수입 (만 엔)
1	1	남	1.81	…	490
2	2	여	1.56	…	600
3	3	여	1.48	…	530
…	…	…	…	…	…
100	1	남	170	…	35000

170m?
확실한 오기입

연 수입 35000만 엔?
반드시 오기입이라
판단할 수 없다

그림 2-19 오기입일까? 이상치일까?

이와 같이 정형화하지 않은 데이터를 이용하면 분석 결과가 왜곡될 수 있기에 사실을 왜곡해 해석할 위험성이 있습니다.

데이터 사이언스는 '데이터가 전부'입니다. 데이터 해석의 소재가 되는 중요한 데이터가 준비되지 않는다면 분석 결과에서 편향(Bais)이 생기고, 신뢰성이 흔들리는 것은 당연합니다.

예를 들어 좋은 요리사(분석가)가 훌륭한 조리법(데이터 해석 방법)으로 요리를 해도 소재(데이터)가 좋지 않다면 맛있는 요리(분석 결과)는 만들 수 없습니다.

4 선택 편향(Bais) - 선택 편향(Bais)도 분석 결과를 왜곡하는 한 가지 요인

직접 데이터 정형화에 관여하지는 않지만 분석 결과를 왜곡하는 점에서는 동일하게 문제가 되는 선택 편향(Bais)에 대해 다루겠습니다.

선택 편향(Bais)은 조사 및 관측에서 본래 대상이 되어야 할 집단에서 일부 편향된 대상이 선택됨으로써 데이터 및 분석 결과에 생기는 편향(Bais)을 말합니다.

그림 2-20은 웹 조사를 통해 100명의 답변자로부터 얻은 내각지지율의 가상 결과를 나타냅니다. 조사 결과를 보면 내각지지율은 40%이므로 언뜻 보면 '국민 중 40%가 지지하고 있다'고 판단할지 모르겠습니다. 또는 100명을 조사한 결과이기에 어느 정도 오차가 존재함을 감안해도 4할 정도의 지지가 있다고 볼지도 모릅니다.

그러나 웹 조사는 어디까지나 웹에서 답변자를 모집하고 답변을 받는다는 점에 주의합시다. 이런

현재 내각을	답변자 수	구성비
지지한다	40	40%
지지하지 않는다	30	30%
모르겠다	30	30%
합계	100	100%

그림 2-20 내각지지율의 웹 조사 결과

조사에 협력하는 답변자는 '정치에 관심이 많은' 사람 및 '내각을 특히 지지하는 사람' 또는 '내각을 특히 싫어하는 사람'일 경우가 많고, 반드시 '국민'의 목소리를 대표한다고 할 수 없습니다.

'사일런트 마조리티(침묵하는 다수; silent majority)'라는 말이 있듯, 정치에 관심이 없는 많은 사람들의 의견이 반영되었다고 할 수 없고, '국민'의 목소리라고 할 수도 없습니다. 특정 대상자를 선택함으로써 생기는 편향(Bais)을 선택 편향(Bais)이라 합니다.

■ 회수율 문제

이 조사가 웹 조사가 아니라 표본조사였어도 같은 일이 생깁니다. 표본조사는 모집단(국민)에서 랜덤으로 대상을 추출하므로 대상자 추출 시점에서 선택 편향(Bais)이 발생할 여지가 없다고 생각할 수도 있겠습니다.

그러나 문제는 회수율입니다. 일반적으로 이러한 조사의 회수율이 100%인 경우는 거의 없으며, 현실적으로 50%가 되지 않는 경우도 많습니다. 즉, 회수율이 낮은 것은 비답변자가 많다는 의미로 이는 웹 조사와 같은 사정이 작용했다고 추측됩니다. 결과적으로 선택 편향(Bais)이 발생할 가능성이 있습니다.

앙케트 결과는 정말로 국민의 목소리일까?

선택 편향(Bais)의 보정 방법에 대해서는 현재 다양한 연구가 이루어지고 있지만 표준적인 방법이 확립되어 있지는 않습니다. 그러나 조사 및 관측 방법, 조사 데이터의 회수율 등을 검사하고 선택 편향(Bais)의 가능성을 검토하는 것은 데이터 정형화와 같이 중요한 '데이터 해석의 제1공정'이라 할 수 있습니다.

제 **3** 장

데이터 읽기
― 데이터 해석의 제2공정 ―

슈퍼에서 근무하는 마케팅 담당 A는
매일 판매 데이터를 활용해서
고객의 쇼핑 활동을 조사하라는 사장의 지시를 받았습니다.
이번 장에서는 슈퍼의 매출 조사 예로 데이터를 읽는 방법을 생각해봅시다.

데이터를 집계하고 가시화한다
데이터로 의미 있는 정보를 말하다

당연하지만 모은 데이터를 정형화하고 데이터셋을 작성해도

이는 단순한 수치를 모은 것으로 그 자체만으로는 새롭거나 유용한 것으로

이해할 수 없으며, 데이터가 '의미 있는 정보'를 나타내도록 할 필요가 있습니다.

---

1 데이터 분포를 파악한다 - 단순집계와 교차분석

'데이터에 말하기' 방법에서 가장 먼저 할 일은 변수별로 데이터를 집계하고 분포의 특징을 보는 것입니다. '분포의 특징을 보는' 것이 목적이므로 그래프로 가시화할 수도 있습니다. 이를 양적 데이터와 질적 데이터의 경우로 나눠 데이터를 집계하는 방법과, 그래프의 역할을 알아봅시다.

① 양적 데이터의 경우

양적 데이터, 특히 소수점을 포함한 연속 변수 데이터라면 그대로 집계해도 분포 특징을 알 수 없습니다.

그림 3-1은 슈퍼에 들른 고객의 1일 구매액을 보여주는 데이터입니다. 이 그림으로부터 당일 구매 고객이 100명인 것을 알 수 있지만 구매액이 1엔 단위의 수치이기 때문에 데이터를 보기만 해선 구매액 분포 특징을 전혀 알 수 없습니다. 구매 고객의 구입품목 조합과 구매액이 천차만별이기 때문입니다.

■ 도수 분포표로 본다

앞서 서술했듯 양적 데이터(특히 연속 변수 데이터)의 경우, 데이터를 그대로 집계하면 분포 특징을 파악할 수 없습니다. 여기서 A는 도수 분포표를 작성하기로 합니다.

도수 분포표는 데이터를 일정 구간(계급)으로 정리해 집계한 표입니다. 그림 3-2는 슈퍼에 들른 고

객의 구매액을 일정 구간마다 정리하고, 이 값에 기반해 A가 집계한 도수 분포표입니다. 각 금액 구간을 계급이라 하며, 계급의 범위 내 금액에서 구매한 고객의 수를 도수라고 합니다.

양적 데이터에서 금액을 일정 범위로 구분하고 해당하는 수를 집계함으로써 구매액 분포가 명확해지고 다양한 특징을 읽을 수 있게 됩니다.

예를 들어 '고객의 4할 이상이 2,000~4,000엔 사이로 구매하며, 6할 이상이 2,000~6,000엔 사이로 구매하고 있다'는 특징을 알 수 있습니다.

그림 3-1 슈퍼의 1일 구매 금액과 구매 금액 분포

데이터셋

고객 No	구매 금액
1	2,785엔
2	5,972엔
3	10,238엔
:	:
100	3,480엔

구매 금액 분포

구매 금액	구매 고객
250엔	1명
1,311엔	1명
2,785엔	1명
:	:
19,560엔	1명
합계	100명

양적 데이터를 도수 분포표로 만들면 다양한 특징을 이해하기 쉽습니다.

그림 3-2 구매 금액으로 도수 분포표를 작성한다

금액 계급	도수(명)	상대도수(%)
2,000엔 미만	8	8%
2,000엔 이상 4,000엔 미만	41	41%
4,000엔 이상 6,000엔 미만	20	20%
6,000엔 이상 8,000엔 미만	8	8%
8,000엔 이상 10,000엔 미만	5	5%
10,000엔 이상 12,000엔 미만	6	6%
12,000엔 이상 14,000엔 미만	4	4%
14,000엔 이상 16,000엔 미만	3	3%
16,000엔 이상 18,000엔 미만	2	2%
18,000엔 이상 20,000엔 미만	3	3%
합계	100	100%

고객의 4할 이상이 2,000엔 ~4,000엔 사이에서 구매했다

고객의 6할 이상이 2,000엔 ~6,000엔 사이에서 구매했다

구매 금액을 열거하는 것만으로는 고객의 구매 분포를 알 수 없다.

도수 분포표로 만들면 구매 금액에 따른 고객 분포를 알 수 있다.

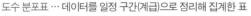

도수 분포표 ··· 데이터를 일정 구간(계급)으로 정리해 집계한 표
계급 ··· 데이터 수를 집계하기 위한 구분한 범위(구간)
도수 ··· 계급 범위 내의 수　　상대도수 ··· 전체에 대한 비율(%)

② 질적 데이터의 경우

양적 데이터와 다르게 질적 데이터는 척도가 명의적이므로 직접 데이터를 집계(단순집계)함으로써 각 변수의 데이터 분포와 특징을 파악할 수 있습니다.

그림 3-3은 이날 슈퍼에서 고객이 구입한 상품(구입=1, 구입하지 않음=0)으로 정형화한 데이터셋과 가장 많은 고객이 산 베스트 5 품목을 집계한 결과입니다.

상품 수는 무척 많지만 이러한 데이터셋을 직접 집계하면 모든 상품의 구입자 수를 집계할 수 있고, 그림 3-3처럼 상위 상품의 집계 결과를 보여줄 수도 있습니다.

■ 교차분석

또한 이 데이터셋은 각 상품에 대한 카테고리 변수로부터 편성되어 있지만 예를 들어 '성별'과 같은 카테고리 변수도 포함한다면 변수를 조합해 성별과 상품 구입의 2가지 변수를 집계한 데이터 분포 특징을 알 수도 있습니다. 이처럼 2개 변수에 대한 집계를 교차분석이라고 합니다.

고객별 구입 상품 여부로
한성하고 성형화한 데이터 시트

고객 No	상품 001	상품 002	...	상품 718	...	상품 xxx
1	0	0	⋯	1	⋯	1
2	1	0	⋯	1	⋯	0
3	1	1	⋯	0	⋯	0
⋮	⋮	⋮	⋮	⋮	⋮	⋮
100	0	1	⋯	1	⋯	1

가장 많은 고객이 구입한
5개 품복의 구입자 수

상품 번호	구입자 수
718	85
018	76
216	71
359	68
540	65

상품별로
구입 여부를 추가하면
가장 잘 팔린 상품과 구입자의 수를
알 수 있다.

그림 3-3 상품 구입자 수를 단순 집계한다

여기서 A는 그림 3-3 데이터에 '성별'(남성=1, 여성=2)의 변수를 더해 그림 3-4-1처럼 데이터셋을 작성하고 가장 많이 판매된 '상품718'에 대해 성별로 교차분석을 해보았습니다. 그 결과가 그림 3-4-2입니다.

이 집계 결과를 보면 '상품718'을 남성 2명이 구입했으며(남성 고객의 약 7%), 여성은 50명(여성 고객의 약 91%)으로 여성이 많이 구입하는 상품인 것을 알 수 있습니다. 또, 이날은 남성 고객보다도 여성 고객이 많았음을 알 수 있습니다.

이처럼 교차분석에서는 단순집계에서 보이지 않았던 정보를 명확히 알 수 있다는 장점이 있습니다.

질적 데이터는 교차분석을 하면 다양한 특징을 알 수 있습니다.

Excel에서 교차분석을 하려면 피벗 테이블 기능을 사용합니다.

3-4-1 고객별 구입 상품 여부에 성별을 추가한 데이터셋

고객 No	성별	상품 001	상품 002	...	상품 718	...	상품 xxx
1	2	0	0	...	1	...	1
2	1	1	0	...	1	...	0
3	1	1	1	...	0	...	0
:	:	:	:	:	:	:	:
100	2	0	1	...	1	...	1

교차분석 … 2개의 설문(변수)를 곱해 집계한 것. 교차분석에서는 2개 항목의 관계성을 알 수 있다.

기존 데이터셋에 성별 변수를 추가하면…

여성이 많이 구입한 상품임을 알 수 있다.

3-4-2 상품718의 구입 여부를 성별로 교차분석

성별	상품718		
	샀다	안 샀다	합계
남성	2	28	30
여성	50	5	55
합계	52	33	85

그림 3-4 상품 구입자 수를 교차분석한다

데이터의 분포를 보려면 집계가 불가결하지만 분포 특징을 빠르게 파악하기 위해서는 그래프로 집계 결과를 가시화하는 것이 좋습니다. 최근에는 Excel과 같은 소프트웨어가 보급되어 그래프를 어렵지 않게 작성할 수 있습니다. 여기서 가장 기본이 되는 그래프 활용에 대해 알아봅시다.

① 막대 그래프

그림 3-2의 구매액 '변수' 및 그림 3-3의 '구매자 수'를 그래프화하는 데에는 막대 그래프가 적당합니다. 단, 그림 3-2의 집계 데이터와 그림 3-3의 집계 데이터는 그래프 표시 방법에 약간 차이가 있으니 주의합시다.

그림 3-5와 그림 3-6은 A가 그림 3-2와 그림 3-3의 집계 데이터를 그래프화한 것으로 같은 세로 막대 그래프이면서 차이를 명확히 나타내고 있습니다. 그림 3-5의 그래프는 막대가 붙어 있지만 그림 3-6 그래프는 각 막대가 떨어져 있는데, 이는 그래프 작성에 사용한 데이터 변수가 다르기 때문입니다.

그림 3-5 그래프는 그림 3-2의 도수 분포표를 기반으로 작성되었지만 원래 그림 3-2는 구매액이라는 연속 변수를 집계한 것입니다. 즉, 데이터는 '연속값'이므로 계급을 표시하는 그래프의 횡축도

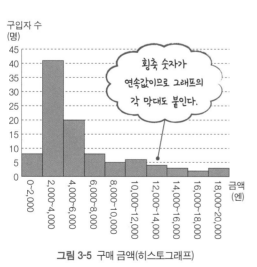

그림 3-5 구매 금액(히스토그래프)　　　**그림 3-6** 상품 구입자 수(막대 그래프)

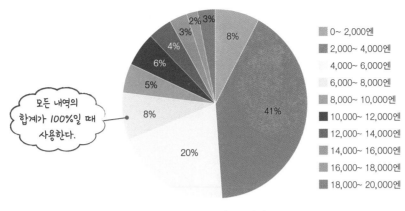

그림 3-7 구매 금액(원 그래프)

'연속값'이며, 따라서 도수를 표시할 각 막대도 인접되어 있습니다. 이러한 막대 그래프를 히스토그래프라고 합니다.

한편 그림 3-6의 그래프는 각 상품의 구입자 수를 집계한 결과를 세로 막대로 나타낸 것입니다. 횡축에 표시된 상품 번호의 숫자는 상품을 식별을 위한 부호일 뿐이므로 막대 사이를 떨어뜨려 표시해야 합니다.

② 원 그래프와 띠 그래프

그림 3-2의 구매 금액의 '도수'는 기본적으로 막대 그래프(히스토그래프)로 나타낸다 했지만, 도수분포표에 포함된 '상대도수(전체에 대한 비율)' 및 구성비를 보는 데는 원 그래프가 적당합니다.

그림 3-7은 그림 3-2의 상대도수를 원 그래프로 표시한 것으로, 모든 내역(여기서는 계급의 상대도수)의 합계가 100%가 되는 경우에 원 그래프를 사용합니다. 또는 그림 3-4의 2개 카테고리 변수의 교차분석에 의한 남녀 간 차이를 비교할 때 편리합니다.

다음 페이지의 그림 3-8은 상품번호 718의 구입자 수를 남녀별로 교차분석한 그림 3-4의 집계 데이터를 기반으로 작성한 2개의 원 그래프입니다. 두 그래프를 비교하면 남녀 간 차이를 확인할 수 있습니다.

단, 원 그래프는 항목별(이 경우에는 남녀)로 작성해야 하므로 그래프의 수가 많아지기도 합니다. 이런 경우에는 그래프를 콤팩트(compact)하게 정리하고자 그림 3-9처럼 띠 그래프(가로 막대 그래프)를 사용합니다.

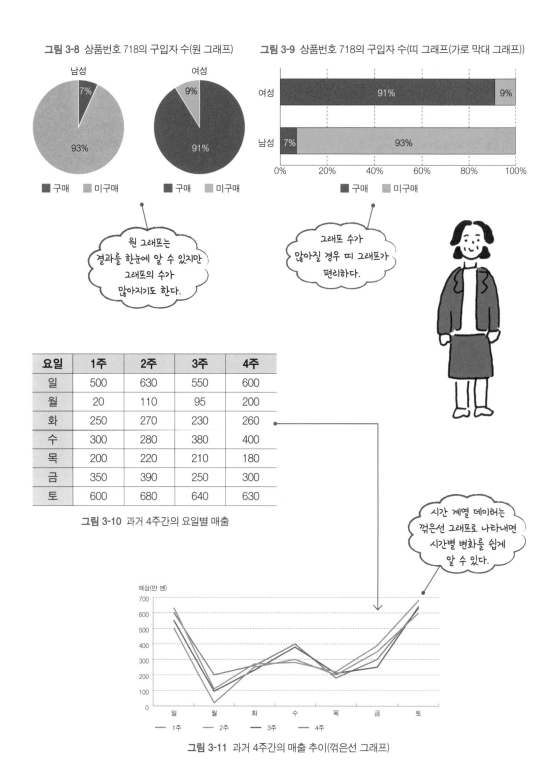

그림 3-8 상품번호 718의 구입자 수(원 그래프)

남성

여성

7%

93%

9%

91%

■ 구매 ■ 미구매

■ 구매 ■ 미구매

그림 3-9 상품번호 718의 구입자 수(띠 그래프(가로 막대 그래프))

여성 91% 9%

남성 7% 93%

0%　20%　40%　60%　80%　100%

■ 구매 ■ 미구매

원 그래프는 결과를 한눈에 알 수 있지만 그래프의 수가 많아지기도 한다.

그래프 수가 많아질 경우 띠 그래프가 편리하다.

요일	1주	2주	3주	4주
일	500	630	550	600
월	20	110	95	200
화	250	270	230	260
수	300	280	380	400
목	200	220	210	180
금	350	390	250	300
토	600	680	640	630

그림 3-10 과거 4주간의 요일별 매출

시간 계열 데이터는 꺾은선 그래프로 나타내면 시간별 변화를 쉽게 알 수 있다.

매상(만 엔)

700
600
500
400
300
200
100
0

일　월　화　수　목　금　토

— 1주　— 2주　— 3주　— 4주

그림 3-11 과거 4주간의 매출 추이(꺾은선 그래프)

③ 꺾은선 그래프

시간 변화에 따른 데이터를 시간 계열 데이터라고 합니다. 예를 들어 슈퍼의 1일 매출을 매일 기록하고 있다면 매출 변화를 보여주는 시간 계열 데이터를 작성할 수 있습니다.

그림 3-10은 A가 1일 매출을 요일별로 4주 동안 집계한 결과입니다. 그러나 이 집계표만 보면 매출에 어떤 변화 및 특징이 있는지 알기 어렵습니다. 여기서 A는 이 집계 데이터를 기반으로 꺾은선 그래프를 작성했으며, 그 결과가 그림 3-11입니다. 그림을 보면 토요일과 일요일, 수요일 순으로 매출이 많으며, 월요일과 목요일의 매출은 감소하는 특징을 확인할 수 있습니다.

④ 레이더 차트

그림 3-10의 데이터는 시간 추이에 따라 매출을 요일별로 집계한 것이므로 그림 3-11의 꺾은선 그래프로 요일별 매출 패턴을 파악할 수 있었습니다. 이 정보를 활용해 요일별 매출에 일정 패턴이 있는지 여부를 확인하려면 레이더 차트를 작성하면 됩니다.

레이더 차트는 복수의 집계 결과를 정다각형 그림으로 그리고 선을 연결한 그래프입니다. 각 집계 결과를 연결한 형태가 정다각형에 가까운 형태라면 각각의 집계결과 수치가 거의 같다는 걸 표시하고, 역으로 찌그러진 다각형이라면 편향되어 있는 것을 알 수 있습니다.

그림 3-12는 그림 3-10의 데이터를 사용해 A가 작성한 레이더 차트입니다. 일요일부터 토요일까지 7개의 요일별로 매출 집계결과를 나타내므로 매출이 어느 요일이든 같다면 레이더 차트의 형태는 정칠각형이 됩니다. 그러나 그림을 보면 어느 주든 토요일과 일요일에 매출이 편향되어 있기에 찌

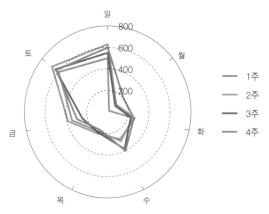

그러진 칠각형 모양이 됩니다. 즉, 꺾은선 그래프와 같이 레이더 차트에서도 요일별 매출에 일정 패턴이 있음을 확인할 수 있습니다.

이처럼 숫자만으로는 잘 알 수 없었던 특징을 그래프화함으로써 확실히 알 수 있습니다. 데이터 집계와 그래프에 의한 가시화는 데이터 해석의 가장 기초적인 작업입니다.

그림 3-12 과거 4주간의 요일별 매출(레이더 차트)

데이터 정보를 요약한다
데이터별 특징 및 상호관계를 발견하다

3-1절에서 살펴봤듯 데이터 집계와 그래프화는 데이터 해석을 진행하는 데
가장 기본적인 작업입니다. 이러한 작업을 마무리하고 각 변수의 특징 및 변수 간의 관계를
어느 정도 파악할 수 있으면 다양한 계산을 통해 특징 및 관계를
더 명확하게 나타낼 필요가 있습니다.

1 데이터 정보를 얻는다 - 데이터 정보는 데이터의 변동

데이터를 분석하기 위해 이용하는 계산 방법을 통계학에서는 통계적 방법 또는 데이터 해석 방법
이라 합니다.

데이터 해석 방법은 '의미 있는 정보'를 꺼내는 수학적 방법입니다. 여기서 가정한 '의미 있는 정보'
란 무엇일까요?

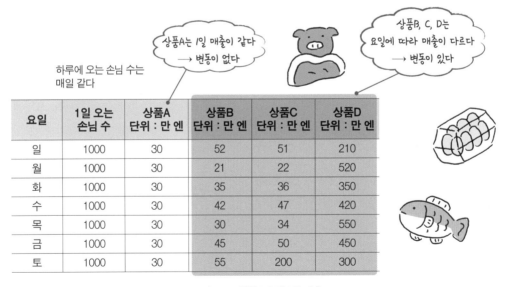

요일	1일 오는 손님 수	상품A 단위 : 만 엔	상품B 단위 : 만 엔	상품C 단위 : 만 엔	상품D 단위 : 만 엔
일	1000	30	52	51	210
월	1000	30	21	22	520
화	1000	30	35	36	350
수	1000	30	42	47	420
목	1000	30	30	34	550
금	1000	30	45	50	450
토	1000	30	55	200	300

그림 3-13 상품A~D의 1일 매출

결론부터 말하자면 표준적인 데이터 해석 방법이 가정하는 정보는 데이터의 변동으로, 각 데이터의 숫자는 이래저래 다릅니다.

그림 3-13은 A가 슈퍼에서 판매하는 상품A~D의 1일 매출(만 엔)을 1주일간 표시한 집계 데이터로, 상품 단가 및 종류가 같은 상품입니다.

데이터를 보면 1주일간 온 손님의 수는 매일 1,000명이고, 상품A는 1일 매출이 정확히 같은 것에 비해 상품B~D는 날짜에 따라 큰 차이가 있는 것을 알 수 있습니다.

데이터 해석의 시점으로 상품A와 상품B~D의 데이터를 비교하면 상품A는 전혀 변동이 없기 때문에 1주일간의 데이터를 모두 살펴보지 않고 1일 데이터를 보기만 해도 즉, 매일 30만 엔의 매출이 있음을 알 수 있습니다.

그러나 상품B~D는 날짜에 따라 매출이 변동하므로 이 변동 요인을 자세히 조사하면 그림 3-11처럼 요일에 따른 매출 변동 패턴을 명확히 알 수 있을지도 모릅니다.

이처럼 데이터 변동은 그 요인을 파악해 '의미 있는 정보'를 새롭게 꺼낼 가능성이 숨겨져 있습니다. 역으로 말해 변동이 없는 데이터는 꺼낼 수 있는 '의미 있는 정보'가 '매일 같다'는 것 이외에는 거의 없습니다.

또한 그림 3-13의 데이터는 매일 오는 고객 수가 같다는 전제가 있기 때문에 상품A의 매출에 대해 이러한 평가를 할 수 있지만, 찾아오는 고객 수가 매일 다르다면 고객 1명당 매출도 다르기 때문에 이 경우는 변동이 없는 데이터가 아닌 변동이 있는 데이터가 되는 것에 주의합니다.

2 1변수 데이터의 특징을 알다 - 데이터 특징은 대푯값과 변동

1변수 데이터의 특징, 즉, 데이터 분포 특징을 데이터 해석 방법으로 파악하는 기본적인 방법은 다음 두 가지입니다.

①은 먼저 데이터 집합을 대표하는 수치(대푯값)를 구하고 데이터 전체의 크기를 계산하는 것입니다.

다음으로 ②는 각각의 데이터와 대푯값의 격차를 데이터 전체의 변동으로 계산하는 것입니다.

①은 평균, ②는 분산, 표준편차라는 데이터 해석 방법입니다. 그다음에는 ③ 이상치의 영향을 확인하는 방법이 있습니다. 중요한 포인트입니다.

① 평균을 구한다

평균은 데이터 전체 크기를 한 개의 수치로 표시하는 대푯값입니다. 말할 것도 없이 각각의 데이터는 하나하나가 정보 그 자체가 되기에, 이것들을 평균이라는 하나의 수치에 정리하는 것은 복수의 정보(데이터)를 1개의 정보(평균)로 요약하는 것을 의미합니다.

■ 산술 평균

평균은 '모든 데이터를 전부 더하고 그 합을 데이터의 수로 나눈' 값입니다. 여러분도 한 번쯤 평균을 계산한 적이 있을 겁니다.

그러나 이 평균은 산술 평균으로, 수많은 평균 중 하나일 뿐입니다. 그 밖에도 예를 들어 '기하 평균' 및 '조화 평균'이라는 평균이 있습니다(p.60 참고).

산술 평균은 대푯값으로 가장 유효한 평균 중 하나임은 틀림없지만 데이터 분포에 따라서 문제가 생길 수도 있다는 사실을 아는 것도 중요합니다. 비교를 위해 평균 중 하나인 중앙값(median)를 다루고, 두 평균의 장점(merit)과 단점(demerit)을 알아봅시다.

■ 산술 평균의 문제점

그림 3-4는 A가 그림 3-13의 데이터를 기반으로 상품B와 상품C의 산술 평균을 계산한 결과와 계산 과정을 보여줍니다. 결과를 보면 상품C는 하루 평균 매출이 62.9만 엔으로 상품B와 비교했을 때 약 1.6배가 큰 것을 알 수 있습니다.

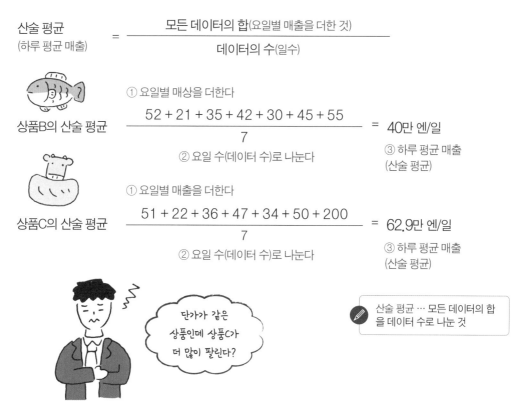

그림 3-14 상품B와 상품C의 산술 평균

이상치

상품C 데이터를
자세히 보면…
$$\frac{51 + 22 + 36 + 47 + 34 + 50 + \boxed{200}}{7} = 62.9만 엔/일$$

이상치를 없애고
산술 평균을 계산하면…
$$\frac{51 + 22 + 36 + 47 + 34 + 50}{6} = 40만 엔/일$$

산술 평균은 약간의 이상
치로 계산 결과가 크게 변
한다.
→ 이상치의 영향을 받기
쉽다.

이상치를 없애면
상품B와 같은 평균
매출이 된다.

그림 3-15 상품C 매상의 이상치에 주목한다

이런 이유로 그림 3-13의 데이터 및 그림 3-14의 계산 과정을 모르고 평균 수치만을 정보로 받는다면 단가가 같은 상품인데 우리 대부분은 상품B와 비교했을 때 상품C가 더 잘 팔리는 상품이라 생각할지 모릅니다.

그러나 그림 3-13 데이터를 잘 보면 상품C의 토요일 데이터에 문제점이 하나 있는 것을 알 수 있습니다. 2-4절에서 이야기한 '이상치' 문제입니다. 상품C의 일요일~토요일까지의 매출 데이터를 보면 토요일 데이터만 '200만 엔'으로 되어 있고 그 외 요일 매출과 비교하면 자릿수 차이가 큰 것을 알 수 있습니다. 실제 이상치인 토요일 매출을 없애고 일요일~금요일까지 6일간 평균

column

다양한 평균

산술 평균은 가장 대표적인 평균이지만, 그밖에도 용도에 따라 다양한 평균이 있습니다. 그중에 산술 평균처럼 자주 활용하는 값이 기하 평균과 조화 평균입니다.

기하 평균은 성장률 및 상승률(하락률) 등 변화율의 평균을 구할 때 사용합니다. 예를 들어 지역의 지가 데이터로부터 전년 대비 변화율을 구하고 과거 5년간 연평균 변화율을 알고 싶을 경우에는 산술 평균이 아닌 기하 평균을 이용해 계산합니다. 한편 조화 평균은 데이터의 역수의 평균으로 평균 시속 등을 구할 때 사용됩니다.

을 구하면 40만 엔이 되며, 상품B의 평균치와 같은 것을 확인할 수 있습니다.

이처럼 산술 평균은 약간의 이상치에 따라 그 계산결과가 크게 변하는 특징이 있기에, 산술 평균으로 비교할 경우 이상치 여부를 반드시 체크해야 합니다.

■ 중앙값

이상치 영향이 작은 중앙값을 구하고 그 결과를 산술 평균과 비교하는 것도 좋습니다. 중앙값 (median)을 '위치 평균'이라고도 하는데, 계산이 아닌 데이터 위치(순위)에 기반한 평균입니다. 구하는 방법은 단순한데, 변수 데이터를 큰 순으로 또는 작은 순으로 정렬하고 그 중앙에 위치하는 데이터(정중앙 데이터)의 수치를 대푯값으로 합니다.

그림 3-16은 그림 3-13의 데이터로부터 상품B와 상품C에 대해 작은 순으로 정렬한 것입니다. 데이터 수는 7개로 홀수이므로 정확히 정중앙의 순위에 위치하는 데이터는 상품B는 42만 엔, 상품C는 47만 엔이고 이것이 중앙값의 수치가 됩니다. 어느 쪽이든 40만 엔대 금액이 대푯값이므로 상품C의 산술 평균 63만 엔과는 크게 차이가 난다는 사실을 알 수 있습니다.

이처럼 중앙값은 극단적 이상치 영향을 받기 어려우므로 변수의 대푯값을 조사할 때에는 산술 평균만이 아닌 중앙값의 수치도 함께 검토하는 것이 좋습니다.

또한 그림 3-16의 경우 데이터 수가 홀수여서 중앙에 위치한 데이터를 특정했지만, 짝수의 경우는 2로 나눈 수의 순번과 다음 순번 데이터의 산술 평균을 계산해 구합니다. 예를 들어 데이터 수가 8인 경우는 4번째 데이터와 5번째 데이터의 산술 평균을 계산해 중앙값을 구합니다.

② 분산과 표준편차를 구한다

전체 데이터 변동을 파악하는 계산 방법으로 가장 자주 활용되는 것이 분산과 그 제곱근인 표준편

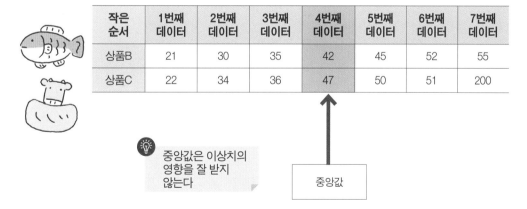

작은 순서	1번째 데이터	2번째 데이터	3번째 데이터	4번째 데이터	5번째 데이터	6번째 데이터	7번째 데이터
상품B	21	30	35	42	45	52	55
상품C	22	34	36	47	50	51	200

중앙값은 이상치의 영향을 잘 받지 않는다

중앙값

그림 3-16 작은 순서로 정렬한 상품B와 상품C의 매출에서 중앙값을 찾는다

차입니다. 먼저 각 데이터 간의 차이(변동)를 측정해야 하며, 구체적으로는 '각 데이터와 산술 평균의 차(편차)'를 '각 데이터 간의 차이'로 합니다.

그림 3-18은 A가 그림 3-13에 표시된 상품B의 분산을 구한 계산 결과와 계산 과정을 보여주고 있습니다.

분자 부분을 보면 분산에서는 '각각의 데이터와 산술 평균의 차'의 제곱을 척도로 삼는 것을 알 수 있습니다. 제곱을 하지 않으면 '각각의 데이터와 산술 평균의 차'를 합하면 0이 되기 때문입니다.

그림 3-19는 A가 그림 3-18을 계산한 결과를 그래프로 나타낸 것입니다. 그림 3-19의 '1'은 세로축이 상품B의 매출로, 각 점은 각 요일의 데이터 포인트(매출)를 표시합니다. 빨간 선은 산술 평균 40만 엔의 라인입니다.

'2'는 각 요일의 데이터 포인터로부터 평균치까지의 거리(차이)를 파란 점선으로 표시합니다. '평균'은 문자대로 평평하게 균등하므로 빨간 선보다 위에 있는 파란 점선(플러스 수치) 합계와 아래에 파란 점선(마이너스 수치) 합계를 상쇄하면 정산 결과가 0이 되고, 빨간 선인 40이 됩니다. 따라서 이는 변동의 척도가 되지는 않습니다.

여기서 '2'의 파란 점선을 제곱한 것이 '3'입니다. 각 파란 점선을 한 변으로 한 정사각형의 면적을 각각 구하고 이들 면적의 합계를 7로 나눔으로써 면적의 산술 평균을 구하는 것이 분산을 구하는 방식입니다.

또한 원래 데이터와 단위를 통일하고자, 분산값의 양의 제곱근이 표준편차가 됩니다.

$$편차 \quad = \quad 데이터의\ 값 \quad - \quad 산술\ 평균값$$
$$\qquad\qquad (요일별\ 매출) \qquad\qquad (하루\ 평균\ 매출)$$

$$분산 \quad = \quad \frac{(편차)^2 + (편차)^2 \cdots\cdots + (편차)^2}{데이터의\ 수}$$

편차 … 각 데이터가 얼마나 산술 평균값으로부터 떨어져 있는지(각 데이터 간의 차이, 데이터 변동)
분산 … 각 데이터에 어느 정도의 편차가 있는지(데이터 변동의 산술 평균)
표준편차 … 분산의 제곱근

$$표준편차 = \sqrt{분산}$$

그림 3-17 편차, 분산, 표준편차의 계산식

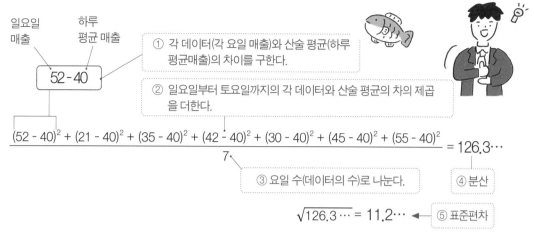

① 각 데이터(각 요일 매출)와 산술 평균(하루 평균매출)의 차이를 구한다.

② 일요일부터 토요일까지의 각 데이터와 산술 평균의 차의 제곱을 더한다.

$$\frac{(52-40)^2 + (21-40)^2 + (35-40)^2 + (42-40)^2 + (30-40)^2 + (45-40)^2 + (55-40)^2}{7} = 126.3\cdots$$

③ 요일 수(데이터의 수)로 나눈다.

④ 분산

$$\sqrt{126.3\cdots} = 11.2\cdots$$

⑤ 표준편차

그림 3-18 상품B의 분산 계산

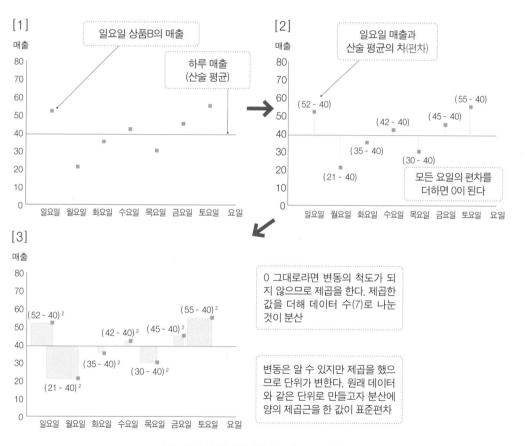

그림 3-19 분산의 계산 과정을 그래프로 표시하면…

■ 변동 계수

데이터의 변동이 전혀 없는 상품A의 분산은 0입니다. 따라서 분산 수치가 클수록 전체 데이터의 변동도 커지는 경향이 있지만 이를 주의할 필요가 있습니다.

그림 3-20은 A가 그림 3-13의 데이터로부터 상품B와 상품D의 변동의 크기를 조사한 결과입니다. 분산과 표준편차는 상품B보다 상품D가 크므로 언뜻 보면 상품D의 매출 변동이 크다고 생각할 수 있겠지만 그리 단순하게 비교할 수 없습니다. 산술 평균에 주목하면 상품D가 상품B보다 큰 것을 알 수 있습니다.

분산 및 표준편차는 산술 평균이 클수록 이 값에 비례해 커집니다. 예를 들어 같은 키 데이터도 센티미터를 단위로 한 경우(160)가 미터를 단위로 한 경우(1.6)보다 평균은 물론 분산 및 표준편차 값도 커집니다.

그러나 같은 데이터의 변동이므로 미터든 센티미터든 같은 크기가 아니라면 정합성(무결성)을 얻을 수 없습니다.

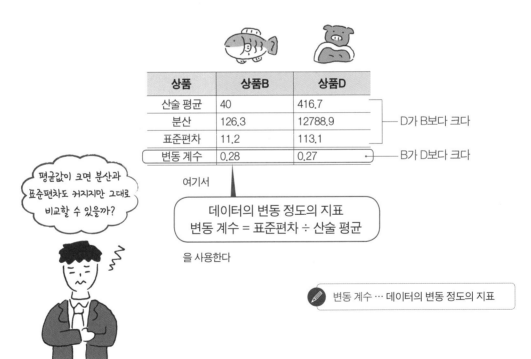

상품	상품B	상품D
산술 평균	40	416.7
분산	126.3	12788.9
표준편차	11.2	113.1
변동 계수	0.28	0.27

D가 B보다 크다

B가 D보다 크다

평균값이 크면 분산과 표준편차도 커지지만 그대로 비교할 수 있을까?

여기서

데이터의 변동 정도의 지표
변동 계수 = 표준편차 ÷ 산술 평균

을 사용한다

🖉 변동 계수 … 데이터의 변동 정도의 지표

그림 3-20 변동 계수로 상품B와 상품D의 변동을 비교한다

이러한 문제를 피하기 위해 평균이 다른 변수의 변동을 비교하려면 변동 계수를 사용하면 편리합니다. 변동 계수는 표준편차를 산술 평균으로 나눈 것입니다. 그림 3-20은 변동 계수의 수치도 표시하는데, 변동 계수는 상품D가 작으므로 데이터 변동 값은 상품B보다 상품D가 오히려 작다고 봐야 합니다.

③ 이상치 영향을 확인한다

그림 3-13에서 알 수 있듯 상품C의 '토요일' 매출은 확실히 이상치에 해당합니다. 그러나 어떤 수치를 이상치로 봐야 좋을지 그 기준을 아는 것도 중요합니다.

이상치의 기준은 다양하지만 1변수의 경우 사분위수를 이용한 그림 3-21과 같은 기준이 가장 간단하고 편리합니다.

또한 사분위수는 데이터를 4등분한 3개의 값입니다. 데이터를 작은 순으로 정렬할 때, 하위 25%에 위치하는 데이터가 제1사분위수, 50%에 위치하는 데이터가 제2사분위수, 75%에 위치하는 데이터가 제3사분위수가 됩니다. 따라서 제2사분위수는 중앙값과 일치합니다.

> 이상치의 상한 기준
> ≥ 제3사분위수 + 1.5 × (제3사분위수 - 제1사분위수)
>
> 이상치의 하한 기준
> ≤ 제1사분위수 - 1.5 × (제3사분위수 - 제1사분위수)

그림 3-21 이상치 기준

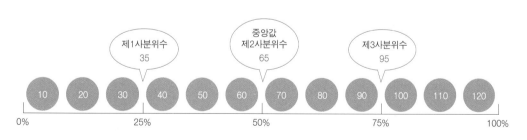

※ 측정치가 0부터 120까지인 12개 수치의 예

✏️ 사분위수 … 데이터를 4등분한 4개의 값

그림 3-22 사분위수

2-1절에서 살펴봤듯 카테고리 변수에 근거한 질적 데이터의 경우, 2변수의 관계는 교차분석을 검토하면 어느 정도 명확히 나타낼 수 있습니다. 그러나 연속 변수 및 이산 변수에 근거한 양적 데이터의 경우에는 상관계수라는 방법을 사용해서 데이터 간의 관계성을 표시하는 수치를 구할 수 있습니다.

단, 상관계수로 표시되는 2변수의 관계가 무엇을 의미하는지 확인하는 것이 중요합니다.

■ 산포도

그림 3-23은 A가 그림 3-13의 데이터로 상품B~D의 매출을 사용해 작성한 그래프로 산포도라고 합니다. 산포도는 세로축과 가로축에 각각 2변수의 척도를 위치하고 2변수의 데이터 포인트의 교차점을 그래프로 표시한 것으로 2가지 데이터의 관계성을 파악하는 데 적합합니다.

그림 3-23-1은 가로축이 상품B, 세로축이 상품C의 매출로 두 상품의 요일별 매출을 점으로 나타낸

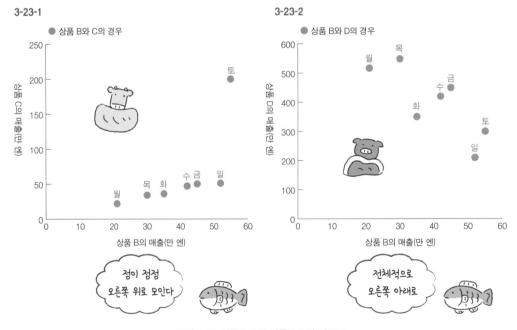

그림 3-23 상품B, C와 상품B, D의 산포도

것입니다. 한편 그림 3-23-2는 가로축이 상품B, 세로축이 상품D의 매출로 똑같이 두 상품의 매출을 점으로 나타낸 것입니다.

■ 상관관계

그림 3-23-1을 보면 모든 점이 오른쪽 위에 모여 있지만 반대로 그림 3-23-2에서는 오른쪽 아래에 모여 있습니다. 즉, 그림 3-23-1의 경우 상품B가 잘 팔리는 요일에는 상품C도 잘 팔리고, 상품B가 잘 팔리지 않는 요일에는 상품C도 잘 팔리지 않음을 나타내고 있습니다.

거꾸로 그림 3-23-2의 경우, 상품B가 잘 팔리는 요일은 상품D가 잘 팔리지 않고, 상품B가 잘 팔리지 않는 요일은 상품D가 잘 팔린다는 사실을 나타내고 있습니다.

이처럼 하나의 경향으로서의 관계를 상관관계라 하고, 그림 3-23-1과 같은 상관관계를 양(플러스)의 상관관계, 그림 3-23-2와 같은 상관관계를 음(마이너스)의 상관관계로 구별합니다.

■ 상관계수

상관관계에서는 관계 여부뿐만 아니라 관계의 강한 정도도 중요한 의미를 가집니다. 관계의 강한 정도를 표시하는 데이터 해석 방법이 상관계수입니다.

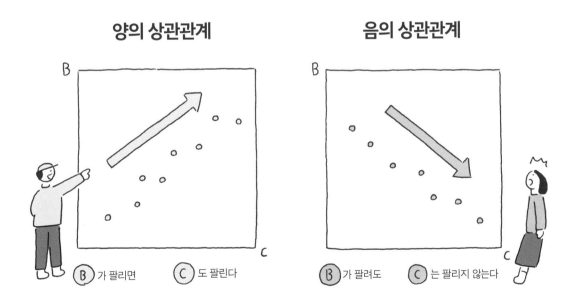

양의 상관관계

음의 상관관계

B가 팔리면 C도 팔린다

B가 팔려도 C는 팔리지 않는다

그림 3-24은 양의 상관에 관한 3가지 산포도를 나타냅니다.

그림 3-24-1은 점의 모임이 완전한 일직선으로 오른쪽 위로 향하며, 변수가 올라가면 다른 변수가 일정 비율로 확실히 떨어지는 완벽한 양의 상관관계가 있는 것을 알 수 있습니다.

그림 3-24-2의 경우는 그림 3-24-1과 비교하면 약간 느슨한 관계이지만 전체적으로는 오른쪽 위로 향하는 경향을 보여주고 있습니다. 이에 대해 그림 3-24-3의 경우는 오른쪽 위로 관계가 나타나지 않아 양의 상관관계라 보기 어렵습니다. 즉, 그림 3-24는 왼쪽부터 순서대로 상관관계가 강한 정도의 순위를 보여주고 있습니다.

상관관계는 관계의 강한 정도를 표시하는 척도로 자주 활용됩니다. 또한 상관계수의 수치는 양의 상관은 0부터 1의 사이, 음의 상관이라면 0부터 -1의 수치를 가지며, 절댓값이 1에 가까울수록 상관성이 강하다고 볼 수 있습니다.

그림 3-25는 상품B와 상품D에 대한 상관계수의 계산 절차를 보여줍니다. 그림에서도 알 수 있듯 상관계수를 계산하려면 공분산 계산이 필요합니다.

공분산은 두 변수 간의 변동의 크기를 보는 지표입니다. 변동의 크기를

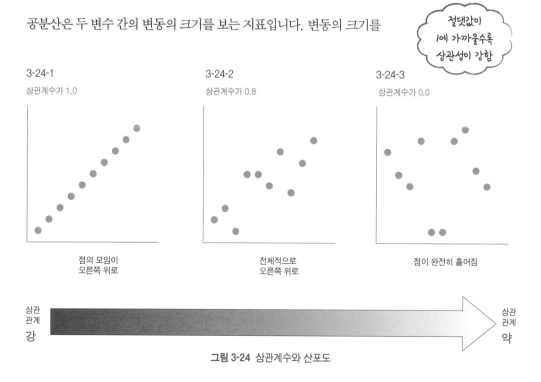

절댓값이
1에 가까울수록
상관성이 강함

3-24-1
상관계수가 1.0

점의 모임이
오른쪽 위로

3-24-2
상관계수가 0.8

전체적으로
오른쪽 위로

3-24-3
상관계수가 0.0

점이 완전히 흩어짐

상관
관계
강

상관
관계
약

그림 3-24 상관계수와 산포도

본다는 점에서는 분산과 같지만, 분산이 1변수의 변동을 보는 지표인 것에 비해 공분산은 2변수의 변동을 보는 지표임에 주의합니다.

그림 3-25의 경우, 공분산은 '상품B의 각 데이터와 산술 평균의 차'와 '상품D의 각 데이터와 산술 평균의 차'의 곱을 모든 데이터에 대해 합계하고 데이터 개수인 7로 나눈 것입니다. 즉, 분산과 같이 공분산도 하나의 산술 평균이 됩니다.

A는 이 수치와 표준편차를 사용해서 상품B와 상품D의 상관계수를 구해보니 -0.79로 꽤 강한 음의 상관계수를 확인할 수 있었습니다. 즉, 상품B는 일요일, 수요일, 금요일, 토요일에 매출이 많고, 반대로 상품D는 월요일, 화요일, 목요일에 매출이 많다는 패턴을 이 계산결과에서도 알 수 있습니다.

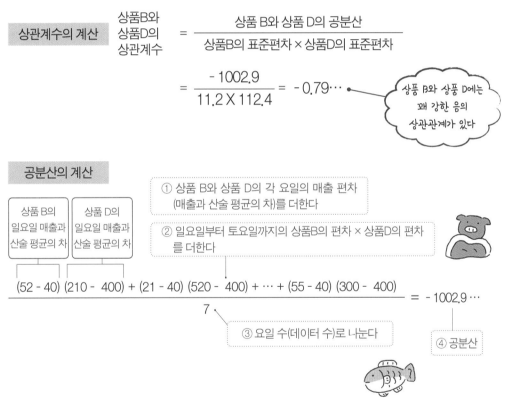

그림 3-25 상품B와 상품D의 상관계수의 계산 방법

4 다차원 데이터의 관계를 파악한다
- 다차원 데이터를 통일적으로 분석하기에는 다변량 해석의 방법을 사용하는 것이 기본

상관계수는 2변수 간의 관계를 보는 방법입니다. 그러나 다변수의 데이터를 수집한다면 2변수 이상의 변수에 대한 다양한 관계 및 경향 등을 알 수 있습니다.

많은 변수로 이루어진 데이터셋을 다차원 또는 다변량 데이터라 합니다. 이런 다변량 데이터를 통일적으로 분석하는 데이터 해석 방법은 다양하며, 이런 방법을 총칭해서 다변량 데이터 해석이라 합니다.

구체적인 방법 소개와 계산 예에 대해서는 제4장과 제5장에서 다루고, 여기서는 다차원 데이터의 의미와 다변량 데이터 해석의 2가지 계산 방법을 3차원의 경우에 대해서 다루겠습니다.

그림 3-26은 그림 3-23-1의 상품B, C, 그림 3-23-2의 상품B, D의 2차원 데이터의 산포도와 이를 합쳐서 확장한 상품B, C, D의 3차원 데이터의 산포도입니다. 2차원 데이터와 이를 더 확장한 3차원 데이터의 일례를 보여주고, 점이 각 변수의 수치에 대응한 데이터 포인트가 됩니다.

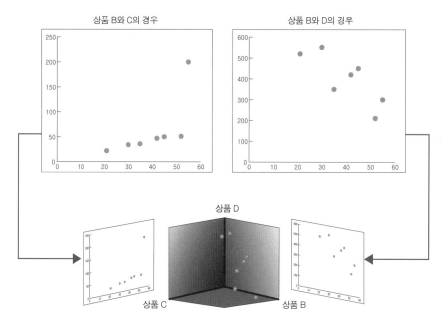

그림 3-26 2차원 데이터와 3차원 데이터

상관계수를 설명할 때 이야기했지만 산포도는 2차원 데이터를 점으로 표시한 것입니다. 다차원 데이터를 생각한다면, 데이터가 분포할 공간을 이미지화하면 시각적으로 쉽게 이해할 수 있습니다. 즉, 2차원의 경우는 평면, 3차원의 경우는 입체입니다.

■ 예측과 분류

여기서 다차원 데이터를 분석하는 기본적인 방법을 크게 2가지로 나눌 수 있습니다. 그림 3-27은 다차원 데이터의 방법에 관한 기본적인 목적을 3차원 데이터에 대해 보여줍니다.

그림 3-27-1은 상관계수의 산포도의 경우처럼 3변수 간에 관계가 있음을 나타내고 있지만 전체적인 경향으로는 오른쪽 위로 향하는 타원형입니다. 이런 관계로부터 3개 중 1개의 변수에 관한 예측을 다른 2개의 변수를 사용해서 할 수 있게 됩니다(→ 제5장).

한편 그림 3-27-2의 경우는 데이터 포인트의 집합이 2개 그룹으로 나눠져 있으므로 3변수로부터 타입이 다른 두 그룹을 분류할 수 있습니다(→ 제4장).

3-27-1 예측을 한 경우   3-27-2 분류를 한 경우

그림 3-27 3차원 데이터의 분석 목적과 방법

본 장에서는 슈퍼 매출이라는 사례를 통해 데이터를 요약하는 방법을 소개합니다. 그러나 실제로 데이터를 해석하는 사람 입장에서 가장 관심이 높은 문제 중 하나는 얻은 결론을 일반화할 수 있는 지 여부입니다.

예를 들어 그림 3-13는 일주일간의 데이터를 표시한 것뿐이기 때문에 상품별로 일요일부터 토요일에 걸친 매출 패턴이 매주 똑같은지를 확인할 수는 없습니다. 그림 3-10의 데이터처럼 4주간의 데이터를 사용하면 적어도 그림 3-13의 경우보다는 확실하다고 말할 수 있겠지만 이 역시 일반화하기에는 불안감이 남습니다.

데이터에 기반한 결론을 일반화하기란 그렇게 간단하지는 않지만 크게 2가지의 사고방식이 있으므로 이를 소개하며 본 장을 마치겠습니다.

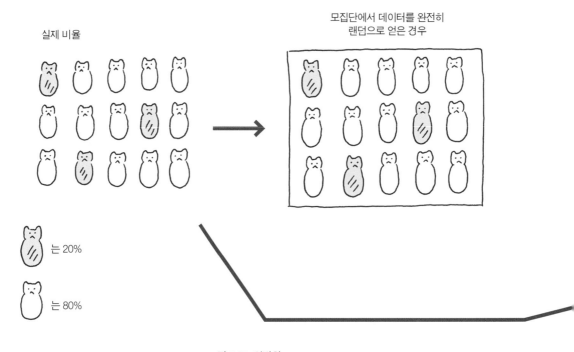

그림 3-28 일반화

■ 모집단에서 데이터를 완전히 랜덤으로 얻은 경우

한 가지는 제2장에서도 이야기했지만 모집단에서 데이터를 완전히 랜덤으로 얻은 경우입니다. 이 경우는 확률의 논리에 의한 일정 제약이 있지만 데이터의 수를 일반화할 수는 있습니다.

■ 빅데이터의 사고방식에 따른 경우

다른 하나는 빅데이터의 사고방식에 따른 경우입니다. 즉, 데이터가 랜덤이든 아니든, 편향이 있든 없든 대량의 데이터를 계속 사용하면, 이런 데이터를 사용한 분석 결과는 일정한 일반화가 가능하다는 사고방식입니다. 말하자면 이런 일반화는 확률론의 대수의 법칙을 도출하는 것과 비슷한 의미가 있습니다. 사실 통계학상의 대수의 법칙은 200년 가까이 이전부터 이미 응용되었으며 많은 지지를 받았다는 경위가 있습니다. 이런 의미로 보자면 빅데이터 해석은 새로운 것 같아 보여도 사실은 오래된 사고방식으로 회귀하고 있는지도 모릅니다.

빅데이터의 사고방식에 따른 경우

편향이 있든 그렇지 않든 대량의 데이터를 계속 사용하면 일반화된다

제 4 장

데이터를 분류하다

— 데이터 해석의 제3공정 —

대학생 B는 세미나에서 지역 연구를 하고 있습니다.
이를 위해 각 지역(도도부현; 都道府県 - 일본의 행정구획)에 대한 다양한 데이터를 모으고,
매우 비슷한 특징을 공유합니다.
도도부현을 분류하고자 합니다.

비슷한 것들을 분류한다

클러스터 분석(Cluster analysis)으로 데이터를 분류한다

많은 변수로 구성된 데이터셋을 사용해서 다차원 데이터를 종합적으로 분석하려면
그래프 및 1변수씩 분석하기만 해서는 충분하지 않습니다.
많은 변수를 동시에 정리해 분석해야 하는데, 본 절에서는 그 시작이 되는 클러스터 분석을 다뤄
보겠습니다.

1 클러스터 분석의 사고방식 - 비슷한 데이터 포인트를 직접 분류한다

많은 변수를 포함한 다차원 데이터에서는 다양한 변수를 조합하고 이를 정리해 분석하면, 그래프
및 1변수를 분석하는 것만으로는 발견하지 못하는 다양한 특징 및 경향이 보이기도 합니다. 이러
한 분석에 사용하는 데이터 해석 방법을 다변량 데이터 해석이라 합니다.

다변량 데이터 해석에는 다양한 방법이 있지만 본 절에서는 그중 하나인 클러스터 분석을 다루겠
습니다. 이는 많은 변수에서 대체로 비슷한 패턴을 보인 데이터 포인트를 분류하는 데이터 해석

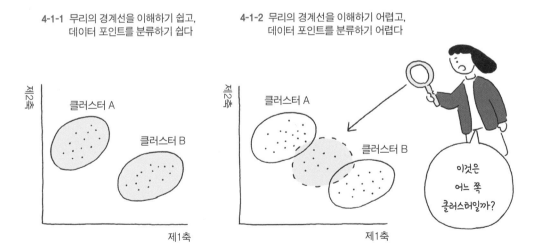

4-1-1 무리의 경계선을 이해하기 쉽고,
데이터 포인트를 분류하기 쉽다

4-1-2 무리의 경계선을 이해하기 어렵고,
데이터 포인트를 분류하기 어렵다

그림 4-1 2차원 데이터 포인트 분포와 유사

방법입니다.

클러스터와 클러스터 분석

그림 4-1은 2개의 변수에 대한 산포도, 즉, 2차원 데이터 포인트의 분포를 나타냅니다(구체적인 사례는 다음 절에서 이야기할 것이므로 여기서 두 변수의 의미는 일단 무시합니다).

우선 그림 4-1-1에서 확실히 알 수 있는 것은 데이터 포인트가 두 그룹으로 나눠져 있고, 각각 비슷한 사람끼리 '무리'를 이루고 있는 것입니다. 이 '무리'를 클러스터라고 합니다. 또 이런 2개의 클러스터에는

- 클러스터 A
  제1축의 변수는 작고, 제2축의 변수는 크다
- 클러스터 B
  제1축의 변수는 크고, 제2축의 변수는 작다

라는 특징이 있는 것을 알 수 있습니다.

이처럼 외형으로도 명확하게 클러스터를 특정할 수 있는 경우는 문제없지만, 변수가 3개 이상인 경우 및 그림 4-1-2처럼 두 클러스터 간 경계선이 불명료한 경우에는 클러스터의 분류가 어려워집니다.

예를 들어 그림 4-1-2의 경우 점선으로 둘러싸인 데이터 포인트는 클러스터 A 및 클러스터 B 중 어느 쪽도 아니고, 완전히 다른 새로운 클러스터인지 또는 클러스터 A, 클러스터 B 중 하나에 포함되는지 판단하기 어렵습니다. 이럴 때에 위력을 발휘하는 것이 클러스터 분석입니다.

■ Ward 법(워드 연결법)

클러스터 분석에는 다양한 계산 방법이 있으며, 계산 방법에 따라 분류 결과가 달라지는 경우도 적지 않습니다. 본 장에서는 이런 계산 방법 중 Ward법이라는 계산 방법을 사용해서 클러스터 분석 사례를 설명합니다.

Ward법은 각각의 데이터 포인트를 단계별로 소수 클러스터로 분류(계층적인 분류)하는 방법 중 하나로 각 단계에서 분류되는 클러스터 내 데이터 포인트의 변동이 최소가 되도록 분류하는 사고 방식에 기반해 계산합니다.

2 클러스터 분석으로 분류한다 - 비슷한 도도부현을 분류한다

대학생 B는 세미나에서 하고 있는 지역 연구를 위해 모은 데이터로 우선 각 도도부현의 '인구 규모'와 '소득 수준'에 주목하고, 이 두 변수로 비슷한 패턴을 보이는 도도부현을 분류하려 합니다.

분석에 사용할 변수의 의미 및 정의를 확인

그림 4-2는 Brk 분석에 사용할 두 변수인 '인구 규모'와 '소득 수준'의 데이터를 나타냅니다. 둘 다 2017년의 연간 데이터로 인구 규모를 나타내는 '인구'는 이산 변수며 총무성이 공표한 데이터, 소득 수준을 나타내는 '1인당 고용자 보상'은 연속 변수며 내각부가 공표한 데이터로 모두 양적 데이터임에 주의합니다.

또, 외부에서 모은 데이터(공적 통계)이므로 둘 다 집계 데이터지만 '1인당 고용자 보상'은 각 현의 고용자 보상 총액을 고용자 수로 나눈 수치, 즉 평균치임에 주의합니다.

도도부현명	인구 단위: 명	1인당 고용자 보상 단위: 천 엔
홋카이도	5320082	4912
아오모리현	1278490	3907
이와테현	1254847	4183
…	…	…
미야자키현	1088780	3962
가고시마현	1625651	3656
오키나와현	1443116	3869

그림 4-2 클러스터 분석에 사용할 두 변수 데이터(인구와 1인당 고용자 보상)

또 하나 주의해야 할 점은 '고용자'의 의미입니다. 일반적으로 '고용자'라면 일을 하는 사람을 고용한 기업 및 개인을 가리키는 경우가 많고, 이런 경우 일을 하는 사람은 '피고용자'가 됩니다. 그러나 정부의 공적 통계에서는 '고용자'가 '피고용자'의 의미로 사용되고 있습니다.

이처럼 외부에서 데이터를 얻을 때에는 변수의 의미 및 정의를 잘 조사해야 합니다.

1변수의 계산 결과로 알 수 있는 것

그림 4-3은 B가 클러스터 분석을 시도하기 전에 '인구'와 '1인당 고용자 보상'의 각 변수에 대한 특징을 조사한 결과입니다. 클러스터 분석에 사용할 2017년 데이터의 특징을 구체화하고자 10년 전인 2007년 데이터를 사용해 각 산술 평균, 표준편차, 변동 계수를 구했습니다.

이들 계산 결과를 보면 인구 규모에 대해서는 평균이 2724100.9에서 2695876.8로 감소하고 있고, 변동 계수가 0.957에서 1.011로 커지고 있으며, 도도부현의 격차가 다소 커졌음을 보여주고 있습니다.

한편 소득 수준에 대해서는 평균이 4441.7에서 4461.8로 작게 증가하고 있고, 변동 계수가

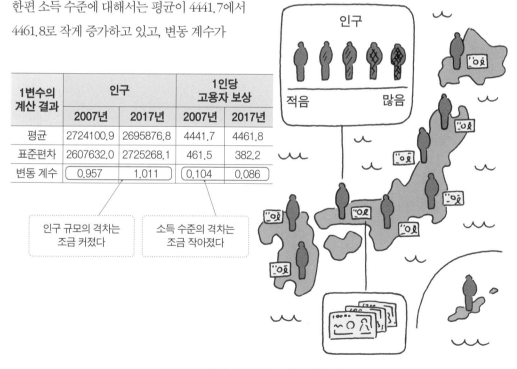

1변수의 계산 결과	인구		1인당 고용자 보상	
	2007년	2017년	2007년	2017년
평균	2724100.9	2695876.8	4441.7	4461.8
표준편차	2607632.0	2725268.1	461.5	382.2
변동 계수	0.957	1.011	0.104	0.086

인구 규모의 격차는
조금 커졌다

소득 수준의 격차는
조금 작아졌다

그림 4-3 2007년과 2017년 기준 각 변수 비교

0.104에서 0.086으로 작아지는 것을 보여주고 있습니다.

또한 소득 수준을 나타내는 '1인당 고용자 보상'의 도도부현 평균치는 각 현의 고용자 수가 다르므로 전국을 기준으로 본 '1인당 고용자 보상' 수치와 일치하지 않는 것에 주의합니다.

상자 수염 그림으로 각 변수가 흩어져 있는 상태를 본다

그림 4-3처럼 각 변수의 분포 특징을 확인한 B는 또한 도쿄도의 수치가 이상치가 아닐까 싶어 중앙값 및 사분위수를 구한 후 상자 수염 그림이라는 그래프를 작성해보았습니다.

상자 수염 그림은 그림 4-4 같은 그래프로 변동 데이터를 비교하기에 적당합니다. 산술 평균, 중앙값, 아래쪽 힌지(제1사분위수에 해당), 위쪽 힌지(제3사분위수에 해당), 이상치를 뺀 최댓값, 이상치를 뺀 최솟값, 이상치가 하나의 그림에 정리돼 있습니다. 이 상자 수염 그림에 따라 이상치를 포함한 1변수의 분포 특징을 간단히 파악할 수 있습니다.

그림 4-5는 2007년과 2017년의 '인구'와 '1인당 고용자 보상'을 각각 비교하기 위해 B가 작성한 상자 수염 그림입니다.

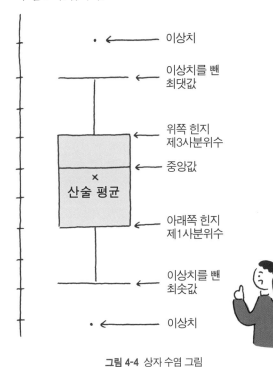

그림 4-4 상자 수염 그림

이 상자 수염 그림에서 '도쿄도' 이외에도 '인구'에 대한 이상치에 해당하는 지역(가나가와현 및 오사카부 등)이 몇 개 있는 것을 알 수 있습니다. 한편 '1인당 고용자 보상'에서는 '도쿄도'만이 이상치임을 알 수 있습니다.

산포도에서 두 변수의 관계를 잡는다

이어서 B는 이들 2변수의 관계를 보기 위해 그림 4-6과 같은 산포도를 작성했습니다. 이 산포도는 데이터 포인트가 오른쪽으로 천천히 올라가는 경향을 나타내고 있습니다. 상관 계수도 계산했는데 그 결과는 0.73으로 강한 양의 상관관계가 있는 것을 확인할 수 있었습니다.

1변수의 특징과 2변수의 상관 계수를 확인한 B는 드디어 클러스터 분석 작업을 합니다.

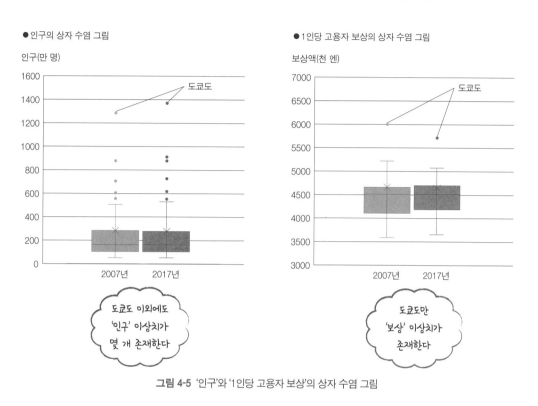

그림 4-5 '인구'와 '1인당 고용자 보상'의 상자 수염 그림

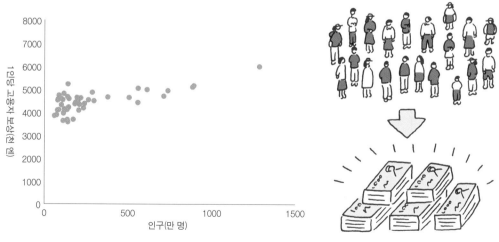

그림 4-6 '인구'와 '1인당 고용자 보상'의 산포도

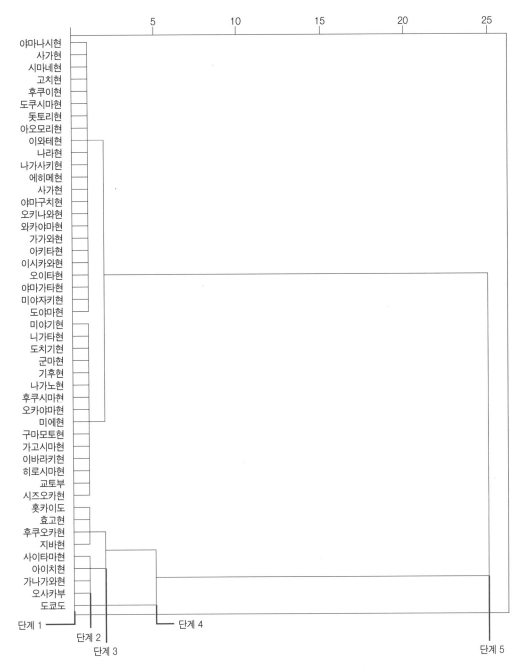

그림 4-7 클러스터 분석의 덴드로그램(dendrogram)

덴드로그램(dendrogram)으로 분류한다

그림 4-7은 각 계층 분류 결과를 덴드로그램(수형도)이라는 그래프로 나타낸 것입니다. 이 그림은 왼쪽부터 순서대로 분류 단계를 표시하고 있습니다.

분류의 '단계1'은 모든 데이터 포인트의 수가 기점으로 클러스터 수는 '47'이 됩니다.

'단계2'에서는 47개 클러스터를 5개의 클러스터로 분류한 것을 나타냅니다. 클러스터A는 '야마나시, 사가, 시마네, 고치, 후쿠이, 도쿠시마, 돗토리, 아오모리, 이와테, 나라, 나가사키, 에히메, 사가, 야마구치, 오키나와, 와카야마, 가가와, 아키타, 이시카와, 오이타, 야마가타, 미야자키, 도야마', 클러스터B는 '미야기, 니가타, 도치기, 군마, 기후, 나가노, 후쿠시마, 오카야마, 미에, 구마모토, 가고시마, 이바라키, 히로시마, 교토, 시즈오카', 클러스터C는 '홋카이도, 효고, 후쿠오카, 지바', 클러스터D는 '사이타마, 아이치, 가나가와, 오사카', 그리고 클러스터D는 '도쿄'만 단독으로 존재합니다. 이 결과를 보면 클러스터A부터 E에 걸쳐서 비교적 인구 규모가 큰(크다면 소득수준도 높다) 클러스터로 분류할 수 있어 보입니다.

'단계3'에서는 클러스터A와 클러스터B를 합병하고 1개의 클러스터F를, 클러스터C와 클러스터D를 합병해 1개의 클러스터G를 형성하고 있습니다. 이렇게 마지막 '단계5'에서는 47 클러스터부터 시작한 분석을 1개의 클러스터로 모음으로써 마치게 됩니다.

이상의 결과와 그림 4-6의 산포도를 겹치면 '단계3'의 3개 클러스터가 최적의 분류임을 알 수 있습니다. 즉, 클러스터E의 '도쿄', 클러스터G의 '대도시를 묶은 도부현', 클러스터F의 '그 이외의 부현'입니다. 그림 4-8은 그림 4-6의 산포도에 이러한 클러스터 분석 결과를 반영한 것입니다.

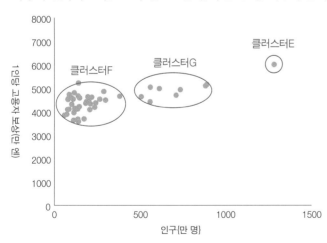

그림 4-8 클러스터 분석 결과를 그림 4-6의 산포도에 반영해 분류

복수 변수를 합성한다

주성분 분석으로 분류한다

대학생 B는 세미나에서 지역 연구를 계속하고 있습니다.

도도부현을 데이터 포인트의 근접에서 직접 분류할 뿐만 아니라

지역의 특징을 표시할 1개의 척도(자)를 만들고

그 척도를 사용해 간접적으로 분류하려 합니다.

1 주성분 분석의 사고방식 - 비슷한 데이터 포인트를 간접적으로 분류한다

클러스터 분석은 데이터 포인트 사이의 '근접'을 직접 계측해서 비슷한 항목끼리 분류하는 방법입니다.

복수 변수에서 새로운 척도(변수)를 합성

이와 반대로 주성분 분석은 복수 변수에서 새로운 척도(자)를 가진 1개의 변수(또는 2개나 3개의 비교적 소수의 변수)를 합성하고 새로운 변수의 척도로 데이터 포인트를 다시 계측하는 것으로 비슷한 항목을 간접적으로 분류하는 방법입니다.

많은 변수를 적은 수의 새로운 변수로 정리하므로 차원(변수)축소 방법이라 할 수 있습니다.

그림 4-9는 2개 변수의 산포도, 즉, 2차원 데이터 포인터의 분포를 표시합니다(구체적인 사례를 뒤에서 다루므로 여기서 2개 변수의 의미는 넘어가겠습니다). 그림 4-9-1을 보면 데이터 포인터를 둘러싼 타원이 오른쪽 아래로 향하기 때문에 2변수 사이에 마이너스 상관관계가 있는 것을 알 수 있습니다.

이처럼 클러스터 분석을 통해 클러스터를 분류하면 그림 4-9-2처럼 변수의 수치가 크고 다른 편의 변수의 수치가 작은 '클러스터A'와 '클러스터C', 둘 다 거의 같은 크기인 '클러스터B' 3개로 분류하면 적당하다는 결과를 얻습니다.

한편 주성분 분석을 사용한 경우라면 1개 또는 2개의 새로운 변수를 합성하고, 새로운 변수의 척도를 이용해서 그림 4-9-3과 같은 데이터 포인트를 다시 측정해 이 수치에 기반한 데이터 포인트를 간접적으로 분류하게 됩니다.

합성된 새로운 변수를 주성분이라 하며, 주성분의 수는 원래 데이터로 사용한 변수의 수를 토대로

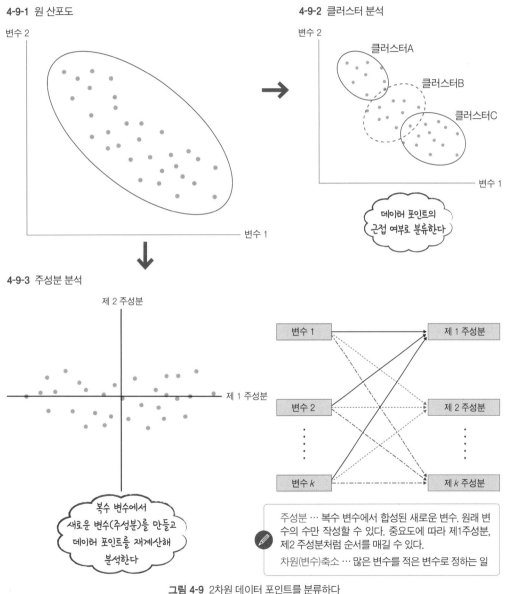

4-9-1 원 산포도

변수 2

변수 1

4-9-2 클러스터 분석

변수 2

클러스터A

클러스터B

클러스터C

변수 1

데이터 포인트의 근접 여부로 분류한다

4-9-3 주성분 분석

제 2 주성분

제 1 주성분

복수 변수에서 새로운 변수(주성분)를 만들고 데이터 포인트를 재계산해 분석한다

변수 1 ┈┈→ 제 1 주성분

변수 2 ┈┈→ 제 2 주성분

변수 k ┈┈→ 제 k 주성분

주성분 ⋯ 복수 변수에서 합성된 새로운 변수. 원래 변수의 수만 작성할 수 있다. 중요도에 따라 제1주성분, 제2 주성분처럼 순서를 매길 수 있다.

차원(변수)축소 ⋯ 많은 변수를 적은 변수로 정하는 일

그림 4-9 2차원 데이터 포인트를 분류하다

하기에 그림 4-9의 사례에서는 최대 2개의 주성분을 구할 수 있습니다.

그림 4-10은 그림 4-9의 산포도에서 주성분인 새로운 척도를 어떻게 만드는지에 대한 사고방식을 나타냅니다. 그림을 통해 주성분을 작성하는 각 단계를 알아봅시다.

① 원래 산포도에서 모든 데이터 포인트의 변동이 가장 커지는 기울기(축)를 찾습니다.

② 위 그림처럼 모든 데이터 포인트의 변동이 가장 커지는 기울기에 선을 긋습니다. 이것이 주성분의 척도를 표시하는 새로운 축으로 제1주성분입니다.

③ 제1주성분의 축에 곧게 교차하는(직교하는) 축을 구합니다. 이것이 제2주성분이 됩니다. 변수가 2개인 경우 주성분 축을 2개 구할 수 있으며, 2개의 축은 직교합니다. 또한 이 그림에서도 알 수 있듯 제1주성분을 축으로 한 데이터의 퍼짐(변동)은 제2주성분을 축으로 하는 퍼짐보다 큰 것을 확인할 수 있습니다.

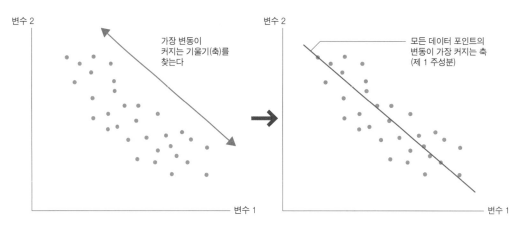

그림 4-10 산포도에서 주성분에 따라 합성 변수를 만들고 데이터를 다시 계산한다

④ 이렇게 구한 2개의 축(주성분)을 좌표축으로 그래프를 회전한 산포도입니다. 데이터 포인트의 변동 상태를 알기 쉬워졌습니다.

구체적인 계산 방법은 생략하지만 제1주성분과 제2주성분이라는 새로운 축을 구함으로써 데이터 포인트의 크기를 표시하는 새로운 목적이 축으로 반영됩니다. 이로써 제1주성분과 제2주성분이라는 새로운 척도에 따른 새로운 변수가 합성됩니다.

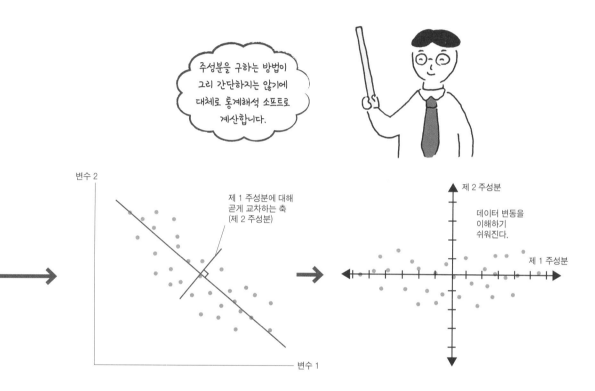

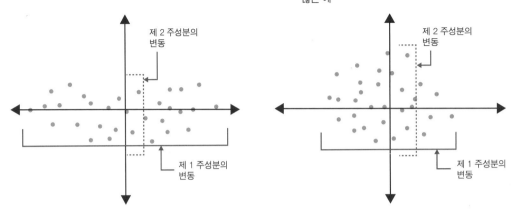

4-11-1 제1주성분의 구성비가 큰 예

4-11-2 제1주성분과 제2주성분의 구성비가 그리 다르지 않은 예

제 2 주성분의 변동

제 2 주성분의 변동

제 1 주성분의 변동

제 1 주성분의 변동

그림 4-11 주성분 순서의 의미

■ 주성분은 중요도에 따라 순서가 있다

주성분 분석에서는 사용한 변수 개수 주성분을 구할 수 있습니다. 주의할 점은 주성분의 중요도에 따라 제1주성분, 제2주성분이라는 순서가 존재합니다.

그림 4-11은 주성분 순서의 의미를 나타낸 것으로, 그림 4-11-1은 상관성이 강한 2변수를 이용할 때의 제1주성분과 제2주성분의 변동을 보여줍니다. 제1주성분에서는 좌우에 큰 데이터 포인트가 분포되어 있기에 변동(분산)도 커집니다. 반대로 제2주성분에서는 작은 데이터 포인트가 위아래도 분포되어 있기에 변동(분산)도 작아집니다.

주성분의 순서는 데이터 분산의 크기에 따르는데, 변동의 크기가 데이터에 포함된 정보의 크기를 의미하기 때문입니다.

주성분 분석에서는 계산 과정에서 데이터를 표준화하고 있으므로 각각 주성분의 분산 크기를 직접 비교할 수 있습니다. 따라서 주성분의 분산 크기 순으로 제1주성분, 제2주성분이 되며, 이는 포함되어 있는 정보의 크기 순입니다.

■ 분산의 구성비(기여율)를 구하면…

주성분은 변수 개수만 구할 수 있으며, 구한 각 주성분의 정보의 크기는 분산 크기로 평가할 수 있습니다. 이 2가지 값으로 각 주성분의 분산의 구성비(기여율)를 구할 수 있습니다.

$$\text{분산의 구성비(\%)} \atop \text{(기여율)} = \frac{\text{각 주성분의 분산}}{\text{모든 주성분의 분산}} \times 100$$

분산의 구성비(기여율) … 전체 데이터의 변동(총분산)으로 어느 정도 해당 주성분을 설명할 수 있는지를 표시한다.

제1주성분의 구성비가 80%라면 제1주성분만으로 원래 있던 2개의 변수로부터 얻을 수 있는 정보를 8할로 설명할 수 있을까?

그림 4-12 분산의 구성비

그림 4-12는 주성분의 구성비를 구하는 방법을 나타냅니다. 예를 들어 그림 4-11-1의 경우 제1주성분의 변동이 제2주성분의 변동에 비해 크기에, 제1주성분의 구성비가 80%라면 제2주성분의 구성비는 20%가 됩니다.

한편 그림 4-11-2의 경우는 원래 2변수 사이의 상관성이 없다시피 하므로 분산의 구성비가 제1주성분과 제2주성분에서도 그다지 다르지 않습니다. 예를 들어 이 경우 제1주성분의 구성비가 55%라면 제2주성분의 구성비는 45%가 됩니다.

기존의 변수 사이에 강한 상관성이 있으면 제1주성분의 구성비는 매우 커집니다. 그림 4-11-1의 구성비는 80%를 상정했고 이것은 변수 사이에 강한 상관이 있다고 볼 수 있습니다. 또, 2변수의 데이터는 포함하고 있는 정보를 제1주성분이라는 새로운 1개의 변수에서 80% 설명이 가능함을 의미합니다. 따라서 제2주성분의 정보를 고려하지 않아도 어느 정도 2변수의 정보를 설명할 수 있으므로 제1주성분만으로 분석을 진행할 수도 있습니다.

이 경우처럼 2변수의 정보를 새로운 제1주성분이란 1개의 정보로 요약할 수 있다면, 2개의 변수를 1개의 변수로 축소할 수 있기에 주성분 분석을 차원(변수)축소라 할 수 있습니다.

차원 축소의 명확한 기준이 되는 구성비의 수치는 없지만, 그림 4-11-2의 경우는 제1주성분과 제2주성분의 구성비에 큰 차이가 없으므로 제2주성분을 줄이기는 어렵습니다.

대학생 A는 세미나에서 진행하는 지역 연구를 이어서 하려 합니다. 각 도도부현의 범죄 발생률과 검거율로 안심하고 살기 편한 지역과 그렇지 않은 지역을 분류하고자 합니다.

범죄 발생률과 검거율로 주성분을 작성한다

여기서 어느 해의 도도부현별 범죄 발생률(인구 10만 명당 범죄 발생률)과 범죄 검거율(인지한 범죄 건수에서 차지하는 검거 건수의 검거율)의 데이터를 수집하고 이들 2변수의 산포도를 확인해 봤습니다.

그림 4-13은 '발생률'과 '검거율'의 산포도로, 전체 데이터 포인트의 경향이 오른쪽 아래로 향함을 알 수 있습니다. 실제로 상관계수를 계산하면 -0.47로 음의 상관성을 확인할 수 있습니다.

B가 분석에 사용한 것은 경찰청이 공표하는 '범죄 사건'과 '검거율' 데이터와 총무성이 공표한 '인구' 데이터입니다.

또, 주의할 것은 도도부현에 따라서는 검거율이 100%를 넘는다는 점입니다. 비율이라는 성격상 이는 모순으로 데이터 클렌징이 필요하겠지만 이는 검거율에 활용한 범죄 검거 건수와 인지 건수의 의미에 차이가 있기 때문입니다.

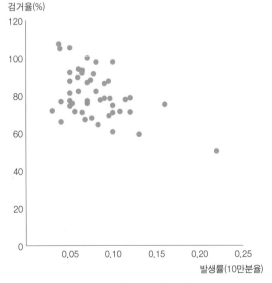

그림 4-13 발생률과 검거율의 산포도

$$검거율(\%) = \frac{검거\ 건수}{인지\ 건수} \times 100$$

그림 4-14 검거율의 정의

그림 4-14에 나타냈듯 경찰청이 공표한 범죄 검거율은 분자가 '범죄 검거 건수', 분모가 '범죄 인지 건수'로 되어 있습니다.

문제는 분모의 '인지 건수'로 이는 경찰이 사건 통보를 받아 인지하고 '피해 신고'를 접수한 건에 한정됩니다. 따라서 예를 들어 미발각된 과거 사건이 인지 사건으로 카운트되지 않아도 새로운 사건이 발각되어 범인이 검거되면 신규 검거 건수로 카운트되기도 합니다. 이런 일이 쌓이게 되면 비율이 100%를 넘는 지역이 나오게 됩니다. 바꿔 말하면 분자가 분모의 부분집합이 아닌 경우입니다.

이런 데이터 문제가 있지만 '검거율'은 어느 정도 사건 해결 결과를 반영한다고 생각할 수 있으므로 B는 계속 이 변수를 사용해서 주성분을 분석합니다.

그림 4-15는 B가 주성분을 분석한 계산 결과를 정리한 것입니다. 제1주성분의 분산 구성비가 73.48%로 '발생률'과 '검거율'의 2개 변수는 제1주성분의 새로운 변수로 바꿔도 좋겠습니다.

주성분에 의미를 부여한다

B처럼 분석 결과를 얻은 경우 중요한 포인트가 되는 것은 새로운 변수에 해당하는 주성분의 의미 부여(네이밍)입니다.

변수	분산 구성비 %	누적 구성비 %
제1주성분	73.48	73.48
제2주성분	26.52	100

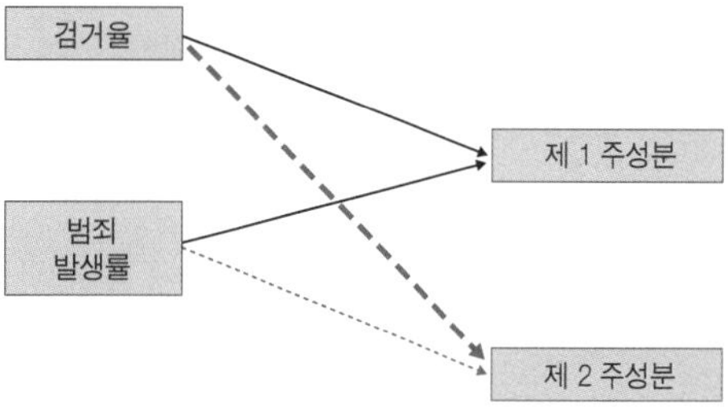

제1주성분의 구성비가 73.48%로 제1주성분만으로 정보를 7할 이상 설명할 수 있습니다.

그림 4-15 검거율의 정의

그림 4-13에서 알 수 있듯 '발생률'과 '검거율'에 음의 상관성이 있으므로 B는 '발생률'이 낮고 '검거율'이 높은 지역과 '발생률'이 높고 '검거율'이 낮은 지역으로 분류할 수 있다고 생각하고, 새롭게 합성한 새로운 변수(제1주성분)를 '살기 편함(치안이 좋음)'을 표시하는 변수로 정했습니다.

이 분석 결과로 어느 도도부현이 살기 편한 지역인지 특정하려면 그림 4-16에 있는 주성분의 득점계수를 이용합니다. 이는 합성한 새로운 변수(주성분)에 대한 합성에 사용한 변수(이 사례로 범죄의 '발생률'과 '검거율')의 영향의 크기를 표시한 계수로 주성분 분석 계산 과정에서 구할 수 있습니다.

이 득점계수를 활용해 각 도도부현의 제1주성분의 점수(득점)를 구하고 그 수치로 살기 편한 정도의 '크기'를 평가할 수 있습니다. 구체적으로 그림 4-17의 식을 기반으로 각 지역의 점수를 계산합니다

계산을 통해 B가 각 도도부현의 점수를 구한 결과 가장 '살기 편한' 도도부현은 '아키타현'이고, 이하 '오이타현', '야마구치현', '아오모리현', '후쿠이현'이 '살기 편함' 수치가 높은 상위 5위가 됩니다.

■ **주성분 분석에서 만들어지는 새로운 '지표'**

주성분 분석은 많은 변수로 1개의 복합변수를 만들고, '살기 편함'처럼 새로운 지표를 만들 때도 자주 활용되는 방법입니다. 매스컴 등에서도 다루는 도도부현별 '풍요도 지표' 및 '매력도 지표'도 주성분 분석에 따라 작성되는 경우가 많습니다.

그러나 이런 지표는 분석에 사용할 변수에 따라 결과가 크게 달라질 수도 있음에 주의합니다. 거꾸로 '○○ 지표'라는 것은 어떤 변수가 사용되었는지 또는 '○○'라고 부를 만한 변수인지에 대해 주의해야만 합니다.

변수	주성분의 득점계수	
	발생률	검거율
제1주성분	-0.58	0.58
제2주성분	0.97	0.97

 주성분의 득점계수 … 복합변수(주성분)를 작성하기 위해 사용한 변수의 영향의 크기를 표시한 계수

그림 4-16 주성분 분석의 계산 결과와 득점계수

$$\boxed{\text{제1주성분의 점수}} \quad = \quad \boxed{\begin{array}{c}\text{발생률의 제1주성분 득점계수}\\ \times \\ \text{발생률(표준화된 수치)}\end{array}} \quad + \quad \boxed{\begin{array}{c}\text{검거율의 제1주성분 득점계수}\\ \times \\ \text{검거율(표준화된 수치)}\end{array}}$$

아키타현의 제1주성분 점수

$$\text{아키타현} = -0.58 \times (\underline{-1.14}) + 0.58 \times \underline{2.12} = 1.89$$

표준화 발생률   표준화 검거율

※ 표준화 발생률과 표준화 검거율의 계산 방법은 부록으로 다운로드할 수 있는 PDF 파일을 참조하기 바랍니다.

그림 4-17 제1주성분의 점수 계산 방법

`column`

표준화

데이터의 표준화는 데이터의 편차를 바로잡는 것으로 표준화된 각 데이터가 Z라면 다음 식처럼 계산합니다.

$$Z = \frac{\text{개별 데이터} - \text{산술 평균}}{\text{표준편차}}$$

표준화는 평균 및 표준편차의 다른 변수, 측정 단위가 다른 변수의 데이터를 비교할 때 이용합니다. 예를 들어 반에서 수학과 정치경제 시험을 볼 때 X의 성적은 수학이 60점, 정치경제가 80점이라고 합시다. 둘 다 100점이 만점인 테스트로 X는 수학보다 정치경제를 잘한다고 할 수 있을까요?

얼핏 그렇다고 생각할 수도 있겠지만 반 평균 점수가 수학이 40점, 정치경제가 90점 이라면 이러한 판단은 부적절함을 알 수 있습니다. 이러한 비교의 경우 데이터를 표준화하면 비교가 가능해집니다.

질적 데이터를 분석하다

수량화 III 류로 분석하다

지역 연구를 이어서 하던 대학생 B는
자신이 거주 중인 X 현에서 정치 의식 및 정책 지향성에 지역 차가 있음을
신문기사에서 알게 되어 이를 증명하려 합니다.

1 수량화 III 류의 사고방식 - 비슷한 질적 데이터를 간접적으로 분류하다

앞 절에서 다룬 클러스터 분석 및 주성분 분석은 양적 데이터에 사용하는 데이터 해석 방법입니다. 그럼 질적 데이터의 경우는 어떻게 하면 좋을까요? 질적 데이터에서 '비슷한 것'은 무엇을 의미하는지 궁금한 사람도 있을 겁니다.

질적 데이터는 데이터의 수치가 명의적으로 '크기' 및 '양'을 표시하지 않기 때문에 클러스터 분석처럼 데이터 포인트 사이의 거리를 직접 측정하는 방법을 사용하는 것은 적당하지 않습니다.

질적 데이터 분석에 자주 사용되는 것이 수량화 III 류 및 대응분석이라는 간접분류 방법입니다. 둘 다 수학적으로 거의 동일한 것으로 여기서는 수량화 III 류를 다루겠습니다.

복수 변수에서 새로운 변수를 작성해 분류

수량화 III 류는 간단히 말해 질적 데이터의 주성분 분석입니다. 따라서 주성분 분석과 같은 목적을

가집니다. 즉, 복수 변수에서 새로운 변수를 작성하고, 이에 따라 데이터 포인트를 간접적으로 분류한다는 목적입니다.

수량화Ⅲ류가 주성분 분석과 다른 점은 기존에 '양적인 척도를 갖지 않은' 복수 변수의 카테고리 변수를 '양적인 척도를 가진' 변수로 재구성하는 점으로 '수량화'라고 합니다. 수량화 방법은 일반적으로 Ⅰ류~Ⅳ류 방법이 알려져 있지만 주성분 분석에 해당하는 방법은 여기서 다룰 수량화Ⅲ류입니다.

예를 들어 8명 대상자에게 Yes인지 No인지를 묻는 Q1부터 Q5까지 5개 질문을 합니다(구체적인 사례는 뒤에서 이야기하므로 여기서는 변수의 의미를 묻지 않습니다.)

그 결과 표본의 크기가 8로, 5개의 2값 카테고리 변수(Yes=1, No=0)가 되는 데이터셋을 얻을 수 있습니다(이런 변수를 더미변수라 하기도 합니다).

얻은 가상 데이터셋은 그림 4-18과 같습니다. 얼핏 보면 이 데이터에서 1과 0의 데이터 포인트가 무질서하게 분포되어 있는 것처럼 보이지만, 그림 4-19(다음 페이지)처럼 정렬하면 동일 답변 패턴을 보이는 그룹이 4개가 있는 것을 알 수 있습니다.

답변자 No.	Q1	Q2	Q3	Q4	Q5
1	0	0	1	1	0
2	0	1	0	0	1
3	1	0	0	1	0
4	1	1	0	0	0
5	1	0	0	1	0
6	1	1	0	0	0
7	0	0	1	1	0
8	0	1	0	0	1

그림 4-18 8명 대상자에게 5가지 질문을 해보다

답변자 No.	Q1	Q2	Q3	Q4	Q5
1	0	0	1	1	0
2	0	1	0	0	1
3	1	0	0	1	0
4	1	1	0	0	0
5	1	0	0	1	0
6	1	1	0	0	0
7	0	0	1	1	0
8	0	1	0	0	1

비슷한 답변 패턴으로 답변자와 질문 번호를 정렬해본다

답변자 No.	Q3	Q4	Q1	Q2	Q5
1	1	1	0	0	0
7	1	1	0	0	0
3	0	1	1	0	0
5	0	1	1	0	0
4	0	0	1	1	0
6	0	0	1	1	0
2	0	0	0	1	1
8	0	0	0	1	1

그림 4-19 5개 카테고리 변수의 질적 데이터

답변자는 No. 1과 7(Q3와 Q4), No. 3과 5(Q4와 Q1), No. 4와 6(Q1과 Q2), No. 2와 8(Q2와 Q5)입니다. 그림 4-19처럼 정렬하면 답변자 No. 1과 7은 답변자 No. 3과 5, 답변자 No. 4와 6, 답변자 No. 2와 8로 진행됨에 따라 위치가 멀어지고 있으며, 마찬가지로 카테고리 변수도 Q3부터 Q4, Q1, Q2, Q5로 진행됨에 따라 위치가 멀어지고 있습니다. 즉, 정렬 여부에 따라 답변자와 변수에 대한 '비슷한 대답 패턴'을 동시에 분류할 수 있게 됩니다.

이런 사고방식에 기반한 카테고리 변수 간 및 답변자 간의 '원근(거리)'을 파악하기 위해 적당한 수치를 부여하는 방법이 수량화III류입니다.

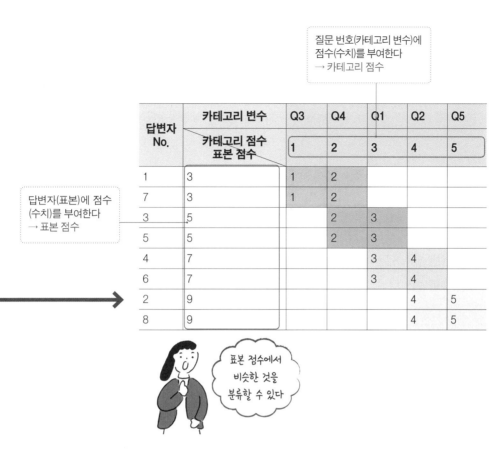

답변자 No.	카테고리 변수	Q3	Q4	Q1	Q2	Q5
	카테고리 점수 표본 점수	1	2	3	4	5
1	3	1	2			
7	3	1	2			
3	5		2	3		
5	5		2	3		
4	7			3	4	
6	7			3	4	
2	9				4	5
8	9				4	5

질문 번호(카테고리 변수)에 점수(수치)를 부여한다 → 카테고리 점수

답변자(표본)에 점수(수치)를 부여한다 → 표본 점수

표본 점수에서 비슷한 것을 분류할 수 있다

그림 4-20 가상적으로 점수를 부여한 사례

■ 카테고리 점수와 표본 점수로 분류

수량화Ⅲ류에서는 각 카테고리 변수에 부여한 수치를 카테고리 점수, 답변자에 부여한 수치를 표본 점수라 합니다.

두 점수는 비슷한 대답 패턴을 나타내는 답변자 및 카테고리에는 근사한 수치를 부여하고, 대답 패턴이 다른 항목에 따라 답변자 및 카테고리에 분리된 수치를 부여해서 그림 4-19와 같은 정렬의 의미를 구체화시킵니다.

그림 4-20은 그림 4-19의 데이터에 대해 수량화Ⅲ류의 사고방식에 기반한 가상적인 수치를 카테고리와 표본에 할당한 사례를 보여주고 있습니다. Q3에서 Q5로 진행됨에 따라 수치가 커지게 그림 4-20처럼 할당하면 각 설문에 '1'로 대답한 경우, 해당하는 카테고리 점수가 부여되고 그 합계가 표

본 점수로 구해집니다(또한 실제 표본 점수는 해당하는 카테고리 점수의 단순한 합계가 아닌 것에 주의합니다).

이렇게 점수를 부여하면 예를 들어 표본 점수에서 비슷한 항목끼리 분류할 수 있습니다. 즉, 표본 점수는 3그룹(답변자 1과 7), 5그룹(답변자 3과 5), 7그룹(답변자 4와 6), 9그룹(답변자 2와 8)입니다.

또한 여기서는 카테고리 점수와 표본 점수 모두 이산치(정수)이지만 기본적으로는 소수를 포함한 연속치가 됩니다.

따라서 데이터 포인트 분포에 따른 카테고리 점수가 예를 들어 Q3=1.1, Q4=1.5, Q1=3.7, Q2=4.0, Q5=7.8이라면 점수가 가까운 정도로 볼 때 각 카테고리 변수를 'Q3과 Q4', 'Q1과 Q2', 'Q5'의 3개 그룹으로 분류할 수 있습니다.

• 표본 점수로 비슷한 항목을 분류한다

| 표본 점수 3그룹 | 표본 점수 5그룹 | 표본 점수 7그룹 | 표본 점수 9그룹 |

• 카테고리 점수로 비슷한 항목을 분류할 수도 있다

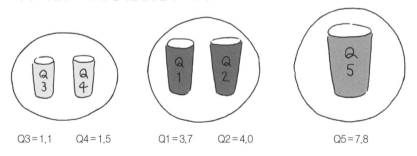

Q3 = 1.1   Q4 = 1.5   Q1 = 3.7   Q2 = 4.0   Q5 = 7.8

그림 4-21 표본 점수와 카테고리 점수로 분류

수량화Ⅲ류도 주성분 분석과 같이 주성분에 해당하는 양적 척도(점수)를 구할 수 있습니다. 여기서는 이러한 척도를 주성분 분석의 경우와 구별하고자 편의상 '성분'이란 용어를 사용하겠습니다.

주성분 분석의 경우와 같이 이들 성분은 사용한 변수 개수까지 구할 수 있습니다. 즉, 그림 4-20처럼 점수가 다른 수치의 조합으로 변수 개수까지 구할 수 있습니다. 수학적 이유로 최초로 구한 성분은 제외되지만 성분의 분산 크기에 따라 (최초 성분을 뺀) 제1성분, 제2성분에 이어 각 성분의 중요도를 확인할 수 있습니다.

또, 그림 4-22처럼 각 성분의 분산의 구성비(기여율)를 구할 수 있습니다. 즉, 계산 결과를 해석하는 방법 및 사용법은 주성분 분석의 경우와 대체로 같다고 할 수 있습니다.

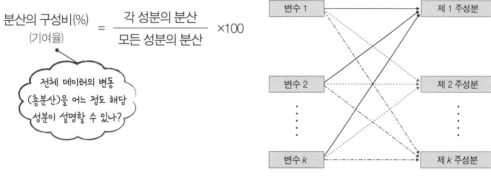

그림 4-22 분산의 구성비(기여율)

2 수량화Ⅲ류로 분석한다 - 지역을 정치 의식에 따라 분류한다

대학생 B는 자신이 거주 중인 X현의 정치 의식이 도쿄는 보수적, 서부는 진보적이라는 신문기사를 읽고 정치 의식의 지역 차에 관심을 가졌습니다. 그래서 본격적으로 조사를 하기 전에 예비조사로 X현의 서부와 도쿄에 살고 있는 세미나 친구 8명에게 그림 4-23처럼 A~E의 지역 정책의 찬반 여부를 조사하고 서부와 동부의 정치 의식 차이를 분석하려 했습니다.

카테고리 점수와 표본 점수를 구하다

그림 2-24는 예비조사 결과를 데이터셋으로 만든 것입니다. 수량화Ⅲ류는 이런 (0, 1)의 데이터를 기반으로 합니다. B는 곧바로 이 데이터셋을 수량화Ⅲ류에 적용하고 카테고리 점수와 표준 점수를 구해봤습니다.

변수	질문내용	Yes	No
A	지역과 도시의 소득격차를 시정하는 정책을 진행할 필요가 있다	1	0
B	지역의 문화 및 전통에 근거한 도시개발을 진행할 필요가 있다	1	0
C	노동 조건 및 노동 환경의 정비를 진행할 필요가 있다	1	0
D	공공 교통기능을 충실하게 할 필요가 있다	1	0
E	농업진흥을 진행할 필요가 있다	1	0

그림 4-23 지역 정책에 관한 의식 조사 항목

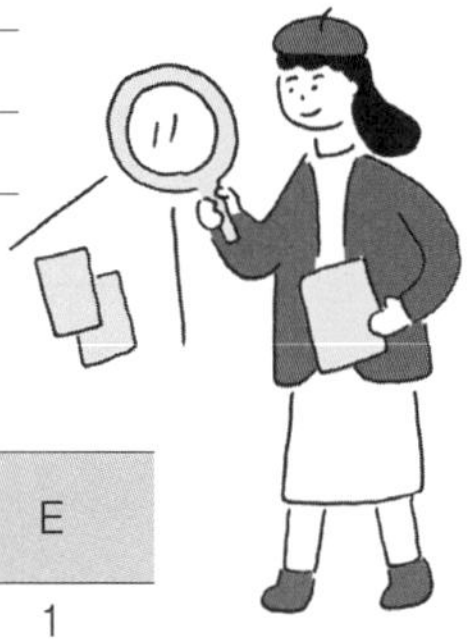

답변자 No.	거주지역 (1)	거주지역 (2)	A	B	C	D	E
1	동부	농촌	1	0	0	1	1
2	서부	농촌	1	0	1	1	0
3	동부	농촌	0	0	0	1	1
4	서부	도시	1	0	1	0	0
5	동부	도시	0	1	0	0	1
6	동부	도시	0	1	0	1	1
7	서부	농촌	1	0	0	0	1
8	서부	도시	1	0	1	0	0

그림 4-24 예비조사 데이터셋

그림 4-25는 각 성분의 분산의 구성비와 카테고리 점수를 나타냅니다. 이 결과에서 제2성분까지의 누적 구성비(기여율)는 84.5%이므로 A~E의 5개 변수는 제1성분과 제2성분의 2개 복합변수로 정보를 요약할 수 있음을 알 수 있습니다.

그림 4-26은 그림 4-25의 결과를 기반으로 제1성분과 제2성분에 대해 그림 4-20처럼 '1'로 답변한 데이터를 정렬한 것입니다.

성분이 모두 카테고리 점수와 표준 점수가 작은 순으로 정렬되어 있고, 제2성분의 분포에 비해 제1성분의 분포가 데이터 포인트의 변동이 작고 오른쪽 아래로 향하는 관계가 보다 명확함을 알 수 있습니다.

분산의 구성비

성분	구성비 (%)	누적 구성비 (%)
1	61.3%	61.3%
2	23.3%	84.5%
3	13.7%	98.3%
4	1.7%	100.0%

카테고리 점수

변수명	제1성분	제2성분	제3성분	제4성분
A	0.8552	-0.0516	-0.9221	1.1026
B	-1.5632	2.1899	0.6263	0.9319
C	1.4732	0.8790	0.8890	-1.2650
D	-0.3555	-1.2783	1.3428	0.4319
E	-0.8294	-0.3291	-0.9361	-1.0619

그림 4-25 분산의 구성비와 카테고리 점수

제1성분의 분포

답변자 No.	카테고리 변수 / 카테고리 점수 / 표본 점수	B -1.56	E -0.83	D -0.36	A 0.86	C 1.47
5	-1.46	1	1			
6	-1.11	1	1	1		
3	-0.72		1	1		
1	-0.13		1	1	1	
7	0.02		1		1	
2	0.80			1	1	1
4	1.42			1	1	1
8	1.42				1	1

제2성분의 분포

답변자 No.	카테고리 변수 / 카테고리 점수 / 표본 점수	D -1.28	E -0.33	A -0.05	C 0.88	B 2.19
3	-1.59	1	1			
1	-1.09	1	1	1		
7	-0.38	1	1	1		
2	-0.30	1		1	1	
6	0.38	1	1			1
4	0.82			1	1	
8	0.82			1	1	
5	1.84		1			1

그림 4-26 각 성분의 분포

■ 산포도로 분류

여기서 B는 두 가지 성분에 주목하고 그 의미를 해석하기 위해 카테고리 점수를 그림 4-27처럼 산포도로 나타냈습니다.

그림 4-27은 제1성분을 가로축, 제2성분을 세로축으로 한 그림 4-25의 카테고리 점수 산포도입니다. 제1성분은 A와 C 그룹(플러스), B와 D와 E 그룹(마이너스)으로 분류할 수 있어 보입니다(빨간 실선의 포위).

B는 각 변수의 질문 항목(그림 4-23)을 검토해 제1성분에 대해서는 정치적으로 진보지향을 플러스로, 보수지향을 마이너스로 평가했습니다. 수량화로 얻은 점수는 양적 성질을 가지므로 예를 들어 제1성분은 '점수가 클수록 진보지향이 강한 변수, 진보지향이 강한 답변자'가 됩니다.

한편 제2성분은 B와 C 그룹(플러스), A와 D와 E 그룹(마이너스)으로 분류할 수 있어 보입니다(파란색 점선의 포위). 여기서 B는 각 변수의 질문 항목(그림4-23)만이 아닌 그림 4-24의 데이터셋인 '거주 지역(2)'에도 주목해 제2성분에 대해서는 플러스가 '도시', 마이너스가 '농촌'의 지역성을 보여준다고 평가했습니다.

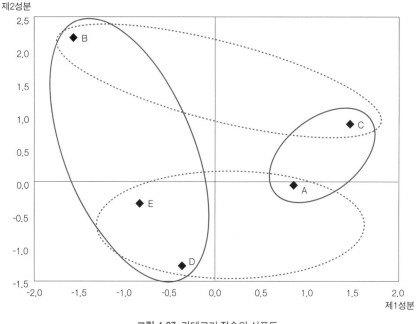

그림 4-27 카테고리 점수의 산포도

카테고리 점수에서 2개 성분에 의미를 부여한 B는 다음으로 목적인 X현의 정치의식에 관한 지역 차를 분석하기 위해 8명의 답변자에 관한 표준 점수의 산포도를 그림 4-28과 같이 작성했습니다.

이 그림을 데이터셋(그림 4-24)의 '거주지(1)'과 조합한 B는 서부에 사는 친구 4명(답변자 No. 2, 4, 7, 8)은 진보지향, 도쿄에 사는 친구 4명(답변자 No. 1, 3, 5, 6)은 보수지향임을 데이터를 통해 다시 확인할 수 있었습니다. 또, 답변자의 거주지가 도시인지 농촌인지에 따라 정책에 대한 지향이 다른 것을 알 수 있었습니다.

이처럼 수량화Ⅲ류는 주성분 분석과 같이 많은 변수로부터 소수의 복합변수를 작성해 간접적으로 데이터 포인트 특징을 분류할 수 있습니다. 게다가 카테고리 척도 변수로 양적 척도를 가진 변수를 작성함으로써 정량적으로 분석할 수 있다는 메리트도 있습니다.

그러나 이 역시 주성분 분석과 같이 분석에 사용할 변수 및 질문 항목의 설정 등에 따라 결과가 크게 달라진다는 점에 주의합니다. 특히 수량화Ⅲ류의 경우는 B의 예비조사처럼 의식 조사의 질적 데이터, 즉, 답변자의 '주관'에 기반한 데이터를 이용하는 경우가 많기 때문에 이 점을 더 주의해야 합니다.

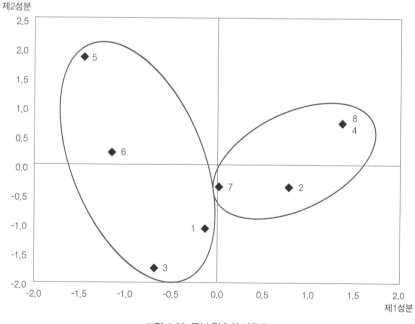

그림 4-28 표본 점수의 산포도

제 5 장

데이터로부터 예측한다

― 데이터 해석의 제4공정 ―

지역의 건강 문제 및 공중위생의 촉진을 위해 노력 중인
보건사 C는 담당하는 지역구 주민의 생활습관 및
건강 상태에 대해 조사했습니다.
이 조사 데이터에 기반해 혈압을 예측하고자 합니다.

데이터에 기반해서 예측한다

회귀분석으로 예측한다

데이터 사이언스에서 분류 이상으로 중요한 분석은

데이터에 기반한 예측으로, 이때 가장 자주 활용되는 것이 회귀분석입니다.

회귀분석으로 요인과 결과의 관계를 모델화하고 데이터를 해석합니다.

사용하는 데이터는 연속 변수 및 이산 변수의 양적 데이터를 전제로 합니다.

1 회귀분석의 사고방식 - 상관관계에 있는 변수를 사용해 예측한다

제3장에서 이야기한 상관계수에 대해 다시 다루겠습니다. 상관계수는 2변수 간 상관관계 여부를 보는 것이었습니다. 상관관계는 두 가지로, 그림 5-1-1의 산포도처럼 데이터 포인트의 분포가 오른쪽 위로 향하는 경향을 나타내면 양의 상관, 그림 5-1-2처럼 오른쪽 아래로 향하는 경향을 나타내면 음의 상관이라고 합니다.

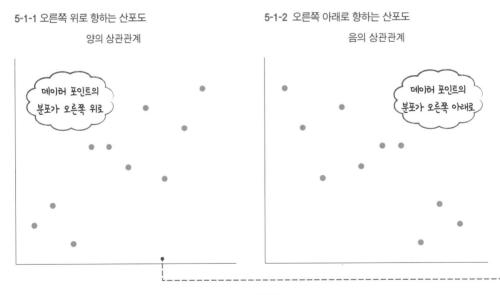

5-1-1 오른쪽 위로 향하는 산포도
양의 상관관계

5-1-2 오른쪽 아래로 향하는 산포도
음의 상관관계

데이터 포인트의 분포가 오른쪽 위로

데이터 포인트의 분포가 오른쪽 아래로

그림 5-1 상관관계

즉, 2개의 변수에 대해 그림 5-1-1은 한쪽 수치가 커지면 다른 쪽 수치도 커지는 경향을, 그림 5-1-2는 한쪽 수치가 커지면 다른 쪽 수치는 작아지는 경향을 나타내고 있습니다. 이들 경향은 분포의 형태가 직선에 가까울수록 상관관계가 강해지는 것을 의미하고, 상관계수의 절댓값은 1에 가까워집니다.

■ 상관관계로부터 예측한다

이처럼 변수 간 상관관계를 알 수 있다면 한쪽 변수의 수치로 다른 쪽 변수의 수치를 예측할 수 있으며, 이러한 데이터 해석 방법이 회귀분석입니다.

예를 들어 그림 5-1-1처럼 양의 상관관계인 경우를 생각해봅시다. 이 경우 데이터 포인트의 분포가 오른쪽 위로 향하는 경향을 보이므로 한쪽 변수의 변화량에 대해 다른 쪽 변수의 변화량이 거의 일정한 비율로 대응하는 것을 알 수 있습니다. 물론 이런 양적 관계는 어디까지나 '대략'적인 대응 관계로 1차 함수처럼 엄밀한 대응 관계를 나타내는 것은 아닙니다.

그러나 이러한 대응 관계를 1차 함수식으로 표현할 수 있으면 '대략'적인 예측도 가능해지며, 그림 5-2는 이를 보여줍니다.

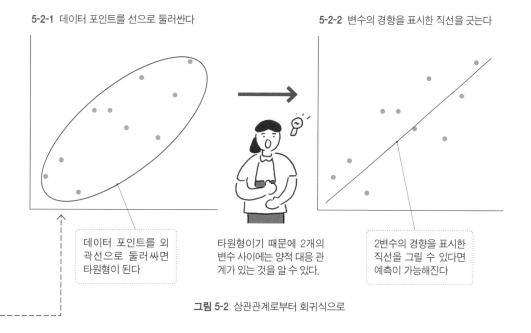

5-2-1 데이터 포인트를 선으로 둘러싼다

5-2-2 변수의 경향을 표시한 직선을 긋는다

데이터 포인트를 외곽선으로 둘러싸면 타원형이 된다

타원형이기 때문에 2개의 변수 사이에는 양적 대응 관계가 있는 것을 알 수 있다.

2변수의 경향을 표시한 직선을 그릴 수 있다면 예측이 가능해진다

그림 5-2 상관관계로부터 회귀식으로

그림 5-2-1에서는 양의 상관을 표시한 데이터 포인트의 군집을 빨간 외곽선으로 둘러싸고 있습니다. 이 포위는 명확하게 오른쪽 위로 향하는 타원형을 하고 있습니다. 즉, 두 변수 간에 일정한 양적 대응 관계가 있는 것을 시사하고 있습니다. 여기서 이 타원형을 대표하는 직선, 즉, 2변수의 경향을 대표할 직선을 그림 5-2-2처럼 그릴 수 있다면 예측이 가능해집니다.

■ 회귀모델

가로축 변수를 X, 세로축 변수를 Y라 하면 이 직선의 식은 1차 함수처럼 나타낼 수 있습니다. 이런 직선식을 회귀직선 또는 회귀모델이라 합니다.

다만 그림 5-3에서 알 수 있듯, 얻은 직선의 방정식은 수학에서 말하는 1차 함수는 아니기 때문에 구별을 위해 Y 절편에 해당하는 정수를 변수 X 앞에 두고 정수 a(회귀절편)라 하고, 변수 X에 관한 변화의 비율을 정수 b(회귀계수)라 정식화합니다.

회귀분석에서는 두 변수 간에 상관관계가 있는 것을 전제로 합니다. 따라서 그림 5-3의 회귀모델은 변수 X와 Y에 일정한 상관관계가 있어야 합니다.

그러나 2개 변수에 상관관계가 있더라도 바로 회귀분석이

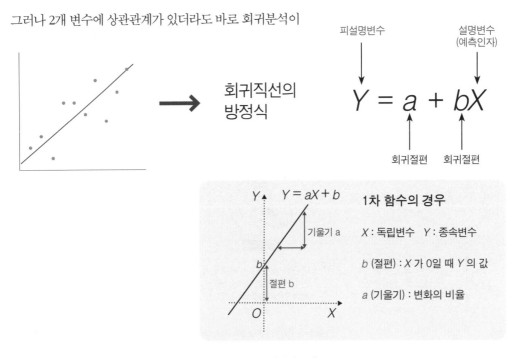

피설명변수

설명변수
(예측인자)

회귀직선의
방정식

$$Y = a + bX$$

회귀절편   회귀절편

1차 함수의 경우

$Y = aX + b$

기울기 a

절편 b

X : 독립변수 Y : 종속변수

b (절편) : X 가 0일 때 Y 의 값

a (기울기) : 변화의 비율

그림 5-3 회귀직선(회귀모델)

가능한 것은 아닙니다. X와 Y 간에 요인과 결과라는 관계를 상정해야 합니다.

그림 5-3에도 나타냈듯 1차함수에서는 변수 X를 독립변수, 변수 Y를 종속변수라 하며, 회귀모델에서는 변수 X를 설명변수 또는 예측인자라 하고, 변수 Y는 피설명변수라 합니다. 즉, 변수 Y는 변수 X에 따라 '설명된다'는 의미로 '피설명변수', 변수 X는 변수 Y를 '예측할 요인'이라는 의미로 '예측 요인'이라 합니다.

그림 5-3과 같은 회귀모델의 경우는 변수 X가 요인으로 그 결과가 변수 Y인 관계를 상정하므로 상관이 있다고 해도

$$X = a + bY$$

라는 회귀직선을 상정할 수 없습니다.

■ 혈압 예를 생각해보면

예를 들어 혈압 Y(수축기 혈압)과 나이 X라는 관계를 생각해봅시다. 일반적으로 나이가 많을수록 혈압이 높아집니다. 여기서 혈압에 영향을 주는 다른 요인(흡연 및 식생활 등)이 모두 동일한 대상자를 몇 명 정도 고르고, 이들에게 수집한 나이와 혈압 데이터가 확실히 양의 상관관계가 있다면

혈압이 높은지 여부는
나이에 영향을 미칠까?

나이(요인)
설명변수
X

혈압(결과)
피설명변수
Y

혈압과 나이를 설명하는 회귀모델

$$Y = a + bX$$

를 구하는 것은 의미가 있습니다.

즉, 혈압이 높은지 여부는 나이에 영향을 받는 관계를 전제로 한 회귀모델입니다. 그러나 이를 반전시킨 회귀모델

$$X = a + bY$$

가 전혀 무의미하다는 것은 명확합니다. 나이가 혈압에 영향을 미치지는 않기 때문입니다.

■ 회귀계수와 회귀절편을 추정한다

이처럼 회귀분석에서 상관이 있는 변수가 요인과 결과를 따질 수 있는지 여부를 먼저 검토할 필요가 있으며, 그다음에 회귀분석을 합니다. 구체적으로는 회귀계수와 회귀절편이란 2개의 정수를 데이터에서 추정합니다.

이에 따라 회귀모델을 확정할 수 있으면 그림 5-4처럼 임의의 변수 X의 수치에 대응하는 변수 Y의 예측값을 구할 수 있습니다. 혈압(수축기 혈압)과 나이의 사례로 보자면 모은 데이터에서 추정한 결과 회귀계수가 0.7이고 회귀절편이 100이라면, 예를 들어 나이가 50세인 사람의 대략적인 혈압은 135로 예측할 수 있습니다.

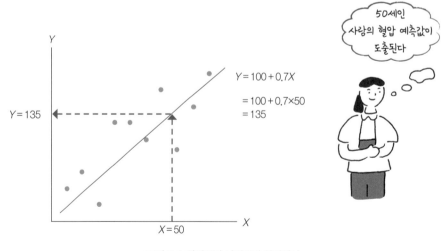

그림 5-4 혈압 Y와 나이 X의 회귀직선

보건사 C는 담당하는 지역 주민 50명의 건강을 조사하고 모은 데이터에서 비만도와 혈압(수출기 혈압)의 회귀분석을 했습니다. 일반적으로 비만은 고혈압의 원인 중 하나로 알려져 있는데, C는 비만도와 혈압이 양의 상관관계가 있는지 확인하기 위해 먼저 키와 체중 데이터를 이용해서 비만도의 지표인 BMI 값을 계산한 후 그 수치와 혈압의 상관관계를 조사해보았습니다.

계산 결과 상관계수는 0.62로 다소 강한 양의 상관관계가 나타났으며, 산포도로도 오른쪽 위로 향하는 관계를 확인할 수 있었습니다.

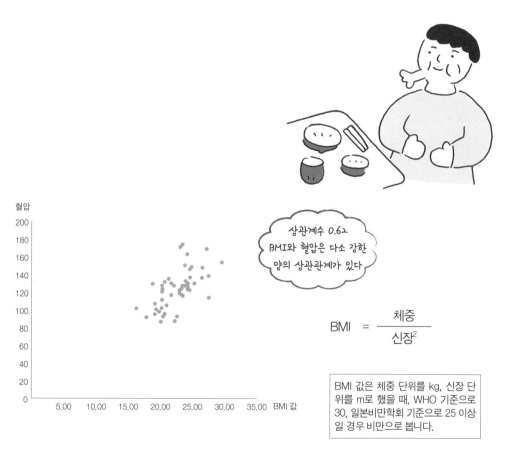

상관계수 0.62.
BMI와 혈압은 다소 강한 양의 상관관계가 있다

$$BMI = \frac{체중}{신장^2}$$

BMI 값은 체중 단위를 kg, 신장 단위를 m로 했을 때, WHO 기준으로 30, 일본비만학회 기준으로 25 이상일 경우 비만으로 봅니다.

그림 5-5 혈압과 BMI 값의 산포도

■ 최소제곱법으로 회귀계수 및 회귀절편을 추정한다

이어서 C는 비만과 혈압의 관계를 알아보고자 BMI 값을 설명변수 X, 혈압을 피설명변수 Y로 하여 회귀분석을 진행했습니다. 일반적으로 회귀분석의 경우, 회귀계수 및 회귀절편을 확정하는 데 최소제곱법이라는 방법이 이용됩니다.

그림 5-6에서 알 수 있듯 최소제곱법은 변수X의 데이터 포인트를 회귀모델 식에 대입해 얻는 예측값과 변수Y의 실제 데이터 포인트의 괴리(잔차: 점선 부분)가 최소가 되도록 회귀계수와 회귀정수를 결정하는 방법입니다.

보다 정확하게는, 괴리의 제곱의 합계가 최소가 되도록 추정치를 구하는 방법으로 '최소제곱법'이라 합니다.

C도 최소제곱법을 이용해서 회귀계수와 회귀절편을 구한 결과 회귀계수가 4.9, 회귀절편이 14.5라는 추정치를 얻었습니다. 그림 5-7에서 알 수 있듯 이 결과에 기반해 비만의 기준치인 BMI=25에서 혈압 예측값이 137(=14.5+4.9×25)이 되고, 비만은 고혈압(130 이상)의 요인 중 하나임을 알 수 있습니다.

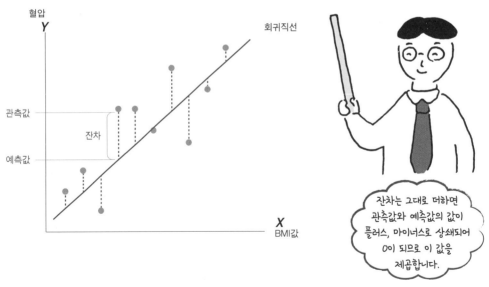

그림 5-6 최소제곱법의 사고방식

C의 회귀분석은 1개의 설명변수로 피설명변수를 예측한 것이지만 설명변수의 수를 늘릴 수도 있습니다.

이처럼 회귀분석은 심플하며 범용성이 있기에 가장 대표적인 예측을 위한 방법이고, 다양한 분야에서 응용되고 있습니다. 그러나 문제도 있습니다.

예를 들어 '회귀직선으로 얻을 수 있는 예측값은 어느 정도 신뢰할 수 있을까(예측의 정도)', '복수의 설명변수를 사용한 경우 어느 변수가 피설명변수에 실제로 영향이 있다고 할 수 있을까' 등입니다. 이들 문제에 대해서는 다음 절에서 이어서 살펴보겠습니다.

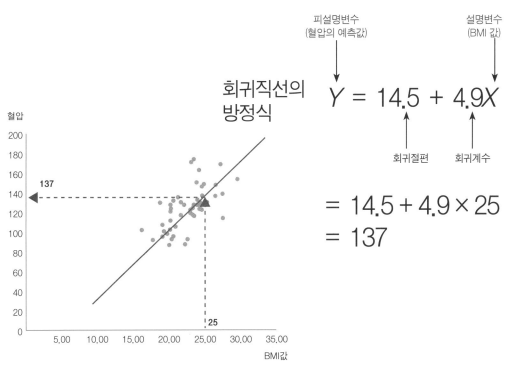

그림 5-7 혈압과 BMI 값의 산포도

예측의 질을 평가한다

다중회귀분석과 회귀진단

C는 모은 조사 데이터에서 비만과 혈압 수치로 회귀분석을 진행했지만,
혈압에 영향을 주는 다른 요인도 검토해야 한다고 생각했습니다.
그래서 비만 이외에 동맥경화 지표도 설명변수에 추가하고
다시 회귀분석을 했습니다.

---

1 다중회귀분석의 사고방식 - 복수의 설명변수를 요인으로 하는 경우에 이용한다

앞 절에서 C는 혈압 요인으로 비만을 생각하고 BMI 값을 활용해 혈압(수축기 혈압)을 예측하는
회귀분석을 했습니다. 이 경우 구해진 회귀직선은 피설명변수(혈압)에 대해 1개의 설명변수(BMI
값)가 대응하므로 단일회귀모델이라 합니다. 그러나 C는 복수의 요인으로부터 혈압의 영향을 조
사할 필요가 있다고 생각하고 자신이 구한 회귀모델을 확장하고자 합니다.

이런 회귀모델을 다중회귀모델이라 합니다. 다중회귀모델은 단일회귀모델과 같이 피설명변수와

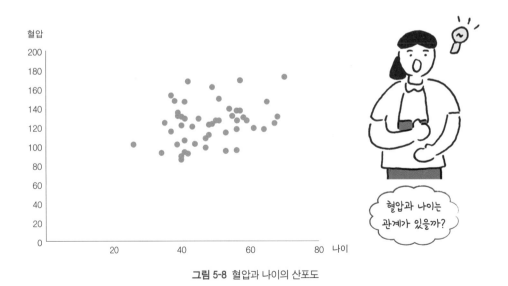

그림 5-8 혈압과 나이의 산포도

각 설명변수 간에 상관관계가 있을 것, 또는 각 설명변수와 피설명변수 간에는 요인 · 결과의 관계가 성립되어야만 합니다.

■ '나이'를 변수로 추가해본다

C는 추가할 요인으로 '나이'를 생각했습니다. 여기서 C는 먼저 혈압과 나이에 상관관계가 있는지 여부를 조사했습니다.

그림 5-8은 C가 조사한 데이터를 기반으로 나타낸 혈압과 나이의 산포도입니다. 혈압과 BMI 값의 경우에 비해 데이터의 변동이 다소 커진 상태입니다. 실제로 C가 상관계수를 구해보니 0.31로 약한 양의 상관관계를 확인할 수 있었습니다. 다만 BMI 값의 경우에 비해 상관관계는 약하기에 '비만' 및 '식생활 습관' 등 다른 요인에 영향을 받거나, 나이만으로 혈압을 설명하기에는 어렵다고 추측됩니다.

이런 문제가 있으면서도 C는 당초 예정대로 BMI 값과 나이를 설명변수로 한 다중회귀분석을 시도해보기로 했습니다. 상정한 다중회귀모델은 그림 5-9와 같습니다.

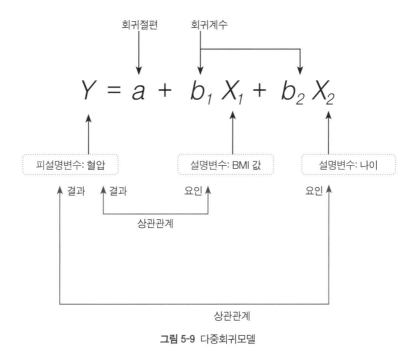

그림 5-9 다중회귀모델

■ Excel의 '데이터 분석'을 사용한다

다중회귀모델에서 회귀절편 및 각 회귀계수를 구하는 것은 그림 5-10처럼 Excel의 추가 기능 소프트 '데이터 분석'을 사용하면 편리합니다. 이 '데이터 분석'에는 '회귀분석'을 시작으로 데이터 사이언스에서 사용하는 다양한 데이터 해석 방법을 포함하며, 이러한 방법을 사용한 계산을 간단히 할 수 있습니다. 분석 도구의 자세한 사용법에 대해서는 책 말미의 부록을 참고하시기 바랍니다.

C도 이 '데이터 분석'의 '회귀분석'을 사용해 그림 5-9의 회귀절편과 회귀계수를 구해보았으며 그 결과는 그림 5-11과 같습니다. 결과에 따르면 나이가 60세고 BMI 값이 30인 사람은

$$-4.5 + 4.6 \times 30 + 0.5 \times 60 = 163.5$$

가 되고, 상당히 고혈압일 것이라 예측됩니다.

여기서 그림 5-10의 '회귀분석' 화면에서는 '잔차' 항목에 '잔차', '잔차 그래프 작성', '표준화된 잔차', '관측값 그래프 작성'의 4개 옵션이 준비되어 있습니다.

그중 잔차에 관한 옵션은 뒤에서 설명하며, 여기서는 '관측값 그래프 작성'에 대해 간단히 알아보겠습니다. 각 설명변수와 피설명변수의 산포도를 출력하는 옵션으로 두 변수 간에 상관관계가 있는지를 시각적으로 확인하는 데 편리합니다.

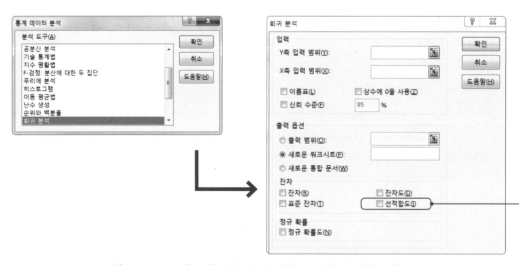

그림 5-10 Excel의 추가 기능인 '데이터 분석' 화면에서 '회귀분석'을 선택한다

C가 시도한 다중회귀모델의 경우 그림 5-5의 혈압과 BMI 값, 그림 5-8의 혈압과 나이의 두 가지 산포도를 보여주고 있습니다.

회귀절편 ↓ 회귀계수 ↓

$$Y = a + b_1 X_1 + b_2 X_2$$

변수
(BMI 값)

변수
(나이)

$$Y = -4.5 + 4.6 X_1 + 0.5 X_2$$

나이가 60세고, BMI 값이 30인 사람의 혈압을 예측해보면…

$$= -4.5 + 4.6 \times 30 + 0.5 \times 60$$
$$= 163.5$$

그림 5-5 (혈압과 BMI 값)과
그림 5-8 (혈압과 나이)의 두 가지 산포도

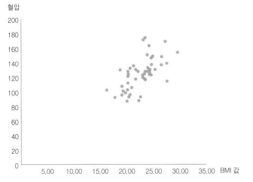

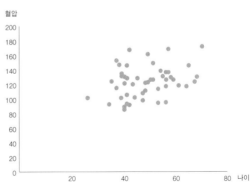

그림 5-11 혈압과 BMI 값, 나이의 다중회귀모델

앞선 C의 다중회귀모델에 따르면 나이가 60세, BMI 값이 30인 사람은 혈압 예측값이 163.5가 되므로 상당한 고혈압이라 추측된다고 설명했습니다. 그런데 이 예측값은 어느 정도 신뢰할 수 있을까요? 163.5라는 수치가 어디까지나 예측인 이상 이런 의문점이 생기는 것은 당연합니다.

예측값의 신뢰성 문제는 예측값을 산정하는 회귀모델의 장점에 귀착하는 문제로, '변수 선택 문제'와 '회귀모델의 적합도 문제' 2가지로 나누어 생각해볼 필요가 있습니다.

① 변수 선택 문제
   어떤 설명변수의 조합이 가장 좋은 회귀모델이라고 할 수 있을까
② 회귀모델의 적합도 문제
   회귀모델에서 얻은 예측값 정도를 어떻게 평가할까

의미 있는 설명변수의 조합을 선택한다(변수 선택 문제)

통계학 및 데이터 사이언스의 세계에서 모델은 심플하면서도 예측 정도는 최대한 높아야 한다는 원칙이 있습니다.

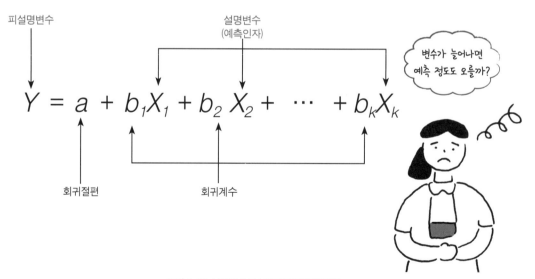

그림 5-12 설명변수가 k개인 다중회귀모델

아무리 예측 정도를 높이고자 불필요한 변수를 설명변수에 계속 추가하며 확장한 회귀모델을 작성하는 것은 결코 바람직한 일이 아닙니다. 여기서 피설명변수의 요인으로 의미 있는 설명변수와 그렇지 않은 설명변수를 확실히 구분해야 하며, 이것이 ①의 변수 선택 문제입니다.

■ 회귀계수의 t 검정에 따른 변수 선택

변수를 선택할 때 가장 자주 활용되는 것은 회귀계수의 t 검정이라는 통계적 가설 검정입니다. 그 밖에도 정보량을 이용한 AIC(아카이케 정보량 기준)도 최근에 많이 활용되고 있습니다. 여기서는 Excel의 '분석 도구'로 간단히 출력할 수 있는 회귀계수의 t 검정을 다뤄보겠습니다.

통계적 가설 검정을 이용하려면 제 2장에서 설명했듯 데이터가 모집단에서 랜덤하게 추출된 표본 데이터임이 전제가 됩니다. 그리고 귀무가설과 대립가설이란 2가지 가설을 세우고 어느 쪽의 가설이 맞는지 판단합니다. 회귀계수의 t 검정의 경우 그림 5-13과 같은 가설을 세웁니다.

그림 5-13에서 보여주는 것처럼 i번째 설명변수 X_i에 대응하는 회귀계수 b_i에 대해 귀무가설이 채택된 경우 계산상은 b_i에 어떠한 수치가 부여되든 모집단의 참의 회귀계수는 0이므로 그 곱인 $0 \times X_i$도 0이 되며, X_i라는 설명변수는 피설명변수 Y를 설명하는 요인으로 불필요하다고 간주됩니다.

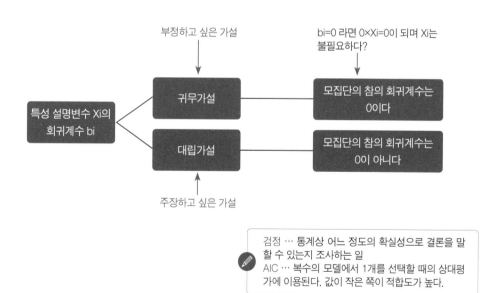

그림 5-13 회귀계수의 t 검정에서 사용된 귀무가설과 대립가설

유의수준에서 판단한다

다만 이러한 판단에는 반드시 잘못된 리스크가 존재함에 주의합니다.

유의수준이라는 이 리스크는 귀무가설이 맞는데 실수로 대립가설을 채택할 확률입니다.

회귀계수의 t 검정의 경우에도 사실은 불필요한 설명변수(회귀계수가 0)인데, 의미 있는 설명변수(회귀계수가 0이 아닌)로 판단할 확률을 의미합니다(통계학에서는 의미 있는 것을 '유의'라 합니다). 유의수준은 분석하는 사람이 임의의 가정을 할 수 있으며, 일반적으로 1%, 5%, 10%라는 수준을 이용합니다.

그림 5-14는 C가 Excel의 '분석 도구'로 진행한 회귀분석의 출력 일부를 나타내며, 그 결과의 'P-값'에 기반한 회귀계수를 검정할 수 있습니다.

구제적으로 유의수준과 'P-값'을 그림 5-15처럼 비교하고 가설을 채택합니다. 예를 들어 유의수

	계수	표준오차	t	P-값
절편	-4.5	21.596	-0.207	0.837
BMI 값	4.6	0.871	5.311	0.000
나이(현재)	0.5	0.240	2.088	0.042

유의수준 … 통계적으로 의미가 있고 '우연이 아니라' 판단할 확률. 1%, 5%, 10%라는 수준을 주로 이용한다.
P-값 … 설명변수의 계수의 유의성을 표시하는 지표
T값 … 'P-값'을 구하기 위해 필요한 수치로 데이터로 계산한다.

그림 5-14 C가 Excel의 '분석 도구'로 다중회귀분석을 한 결과

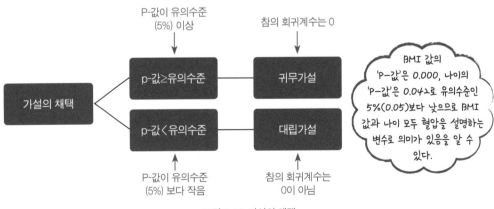

그림 5-15 가설의 채택

준을 5%(0.05)로 설정한 경우 C의 다중회귀모델에서는 'BMI 값'의 'P-값'이 0.000, '나이'의 'P-값'이 0.042가 되므로 어느 쪽이든 유의수준 5%를 밑돌고 있습니다. 따라서 대립가설을 채택해 이들 변수의 '참의 회귀계수는 0'이 아니며 2개의 설명변수는 혈압을 설명하는 변수로 의미가 있다고 판단할 수 있습니다.

예측의 정도(회귀모델의 적합도)

이처럼 각 설명변수의 회귀계수를 검정한 후 필요한 설명변수를 선택한다면 의미가 있는 다중회계모델로 간단히 개선할 수 있습니다. 그럼 개선된 회귀모델에서 예측을 할 때, 그 예측의 정도를 어떻게 평가하면 좋을까요? 이것이 ② '회귀모델의 적합도' 문제입니다.

그림 5-16은 회귀절편과 회귀계수의 수치가 각각 동일한 2개의 단일회귀모델과 데이터의 산포도를 표시합니다. 정확히 동일한 회귀모델이므로 임의의 X값에 대해 얻는 예측값도 정확히 동일한 수치가 됩니다. 그런데 회귀직선 주변에 분포한 데이터 포인트의 변동을 주목하면 그림 5-16-1이 그림 5-16-2에 비해 큰 것을 알 수 있습니다.

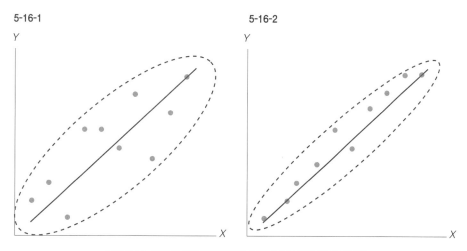

그림 5-16 같은 수치의 회귀절편과 회귀계수를 가진 두 회귀모델

■ 잔차를 이용한 결정계수로 적합도를 평가

여기서 말하는 변동은 그림 5-17에서 알 수 있듯 실제 수치와 예측값 수치의 차이로 잔차라 합니다. 즉, 전체적으로 보면 그림 5-16-1의 회귀모델이 그림 5-16-2 회귀모델보다 잔차가 크므로 회귀모델 데이터에 대한 적합도가 좋지 않음을 의미하며 따라서 예측값의 정도도 좋지 않음을 의미합니다.

이처럼 잔차는 회귀분석에 따른 예측의 정도를 평가하는 하나의 근거가 됩니다. 이를 위해 잔차를 이용한 결정계수라는 지표를 사용해 회귀모델의 적합도와 예측값 정도를 평가하는 것이 일반적입니다. 구체적으로 이야기하면 결정계수는 0부터 1의 범위를 가지며, 1에 가까울수록 적합도가 좋은 회귀모델을 의미하며 예측값의 정도도 좋음을 나타냅니다. 다중회귀모델에서는 설명변수의 수가 많고 그 수가 표본의 크기에 가깝다면 자유도 조정 결정계수라는 지표를 사용하면 좋습니다.

또한 Excel의 '분석 도구'에 있는 '회귀분석'에서는 결정계수를 '중결정 R2', 자유도 조정 결정계수를 '보정R2'로 나타냅니다. C의 회귀분석에서는 '중결정 R2'가 0.434, '보정 R2'가 0.410으로 0.5를 밑돌고 있으므로 좋은 적합이라 할 수는 없기에 예측값의 정도도 이보다 높지 않다는 것을 알 수 있습니다.

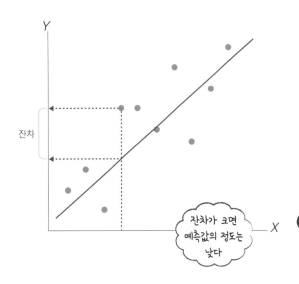

회귀통계	
중상관 R	0.659
중결정 R2	0.434
보정 R2	0.410
표준오차	16.434
관측 수	50

'회귀분석' 출력 결과의 일부 결정계수를 나타낸다

잔차 ⋯ 실제 수치와 예측값 수치의 차
결정계수 ⋯ 회귀분석에 따라 구해지는 목적변수의 예측값(회귀직선)이 실제 값과 어느 정도 일치하는지를 나타내는 지표. 0에서 1 사이의 값으로 1에 가까울수록 좋은 적합도. 설명변수의 수를 고려한 결정계수가 자유도 조정 결정계수.

그림 5-17 회귀모델의 잔차

회귀분석은 데이터 사이언스 중에서도 가장 응용범위가 넓은 방법 중 하나지만 적용 시에는 만족시킬 전제 조건이 몇 가지 있습니다. t 검정에 따라 변수를 선택하고 그 결과 재계산된 회귀모델의 결정계수가 높은 값을 보여도 이들의 전제 조건을 만족시킨다고 할 수 없는 경우가 자주 있습니다.

이런 문제를 처리하기 위해 최근에는 회귀진단이라는 방법이 발전되었으며, 지정된 회귀모델이 다양한 조건을 만족시키는지를 검토하는 일이 많아졌습니다. 본 절에서는 다음 3가지 전제조건을 둘러싼 회귀진단 방법을 다뤄봅니다.

① 비선형성 문제
   피설명변수와 설명변수는 선형 관계다
② 다중공선성 문제
   각 설명변수 간에 강한 상관관계(다중공선성)가 존재하지 않는다
③ 이상치 문제
   데이터에 극단적인 값(이상치)이 존재하지 않는다

■ 비선형성

먼저 ① 비선형성 문제입니다. 회귀모델은 설명변수와 피설명변수의 관계가 선형(그래프가 직선인 경향을 표시한다)임을 전제로 하고 있습니다. 그러나 실제로 데이터의 변동을 보면 그림 5-18처럼 비선형 관계를 표시하는 경우가 적지 않습니다.

이처럼 데이터 포인트의 분포가 선형인지 여부를 확인하려면 피설명변수와 각 설명변수에 대한 각 산포도를 살펴보는 것이 가장 편리하고 간단한 방법입니다.

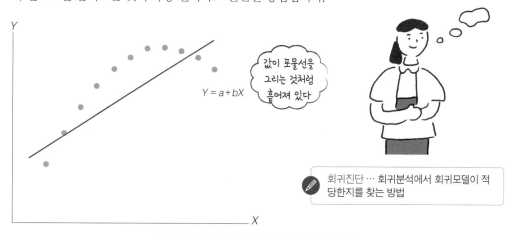

값이 포물선을 그리는 것처럼 흩어져 있다

Y = a + bX

회귀진단 ⋯ 회귀분석에서 회귀모델이 적당한지를 찾는 방법

그림 5-18 피설명변수와 설명변수가 비선형인 경우

Excel의 '분석 도구'에서는 그림 5-10의 '회귀분석' 옵션 '선적합도'를 활용하면 좋습니다.

산포도를 보면 데이터 포인트의 분포가 비선형(그래프가 직선 경향을 나타내지 않는다)인 경우는 각 변수의 데이터를 적당히 변환(대수변환 등)한 후 회귀분석을 하는 것이 일반적 대처법이지만 데이터의 성질에 따라 불가능한 경우도 있습니다. 이 경우에는 비선형 모델을 전제로 한 회귀분석을 하지만(비선형 회귀), 수학적으로 다루기에는 복잡해지게 됩니다. 또한 그림 5-5와 그림 5-8의 산포도로 볼 때 C의 다중회귀모델은 선형성에 문제가 있어 보입니다.

■ 다중공선성

다음은 다중공선성의 문제입니다. 설명변수 간에 서로 강한 상관성이 있는 경우 다중공선성이 존재한다고 하며, 회귀계수의 추정 및 검정에 좋지 않은 영향을 줄 수 있습니다.

다중공선성의 유무를 판단하는 회귀진단 방법으로는 VIF(수치가 약 10 이상으로 다중공선성의 가능성) 및 조건수(수치가 약 15 이상으로 다중공선성의 가능성)라는 지표가 이용되지만 아쉽게도 Excel의 '분석 도구'의 '회귀분석'에서는 출력 옵션이 없습니다.

그러므로 어디까지나 편의상 '분석 도구'의 '상관행렬'을 사용해서 설명변수의 상관계수를 모두 구하고, 강한 상관성(예를 들어 상관계수의 절댓값이 0.7 이상)이 나온 설명변수의 조합에 대해 다중공선성을 의심해보는 것이 하나의 방법입니다.

다중공선성의 대처방법 중 확실히 유효한 방법은 없습니다. 가장 간단한 처리로는 상관성이 높은

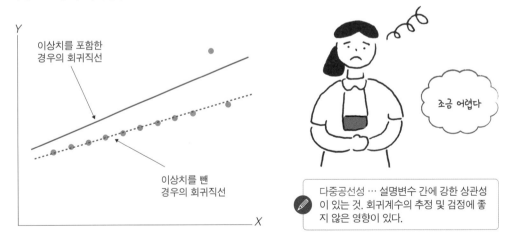

이상치를 포함한
경우의 회귀직선

이상치를 뺀
경우의 회귀직선

조금 어렵다

다중공선성 … 설명변수 간에 강한 상관성이 있는 것. 회귀계수의 추정 및 검정에 좋지 않은 영향이 있다.

그림 5-19 혈압과 BMI 값의 회귀분석

한쪽 설명변수를 삭제하는 것이지만 분석 목적상 불가능한 경우, 릿지 회귀 및 라쏘 회귀라는 특수한 회귀모델을 이용해서 분석하는 경우가 있습니다.

또한 C의 다중회귀모델에서 'BMI 값'과 '나이'의 상관계수가 0.13으로 낮기 때문에 다중공선성은 발생하지 않는다고 생각할 수 있습니다. 실제로 두 변수의 VIF와 조건수를 계산하면 VIF는 1.02, 조건수는 10.51이 되고 다중공선성의 의심은 없어 보입니다.

■ 이상치의 문제

다음으로 이상치의 문제입니다. 회귀분석은 데이터에 이상치가 포함되어 있으면 그림 5-19처럼 회귀계수 값이 불안정해지며 추정결과 및 검정결과에 좋지 않은 영향을 줍니다. 따라서 데이터에 이상치가 존재하는지를 검토해야 합니다. 그 방법 중 하나로 여기서는 표준화 잔차를 언급하겠습니다.

표준화 잔차는 그림 5-10의 '회귀분석' 옵션에도 포함되어 있고('정규 확률도'), 이를 통해 변수 Y의 데이터에 대응한 표준화 잔차를 출력할 수 있습니다. 판단 기준으로는 잔차의 절댓값이 대략 2를 넘으면 변수 Y의 이상치를 의심해볼 필요가 있습니다.

	계수	표준오차	t	P-값
편차	-7.6	20.564	-0.372	0.712
BMI 값	5.1	0.821	6.199	0.000
나이	0.3	0.231	1.505	0.139

이상치를 뺀 후

	계수	표준오차	t	P-값
편차	-4.5	21.596	-0.207	0.837
BMI 값	4.6	0.871	5.311	0.000
나이	0.5	0.240	2.088	0.042

이상치를 빼기 전

 표준화 잔차 ⋯ 잔차를 표준편차의 추정치로 나눈 것. 이상치 존재 여부를 체크하는 지표. 절댓값이 2을 넘으면 이상치일 가능성이 높다.

그림 5-20 이상치를 뺀 다중회귀분석 결과

이상치의 대처법으로는 분석 결과에 큰 영향을 미치는 경우라면 계산에서 제외하는 것이 일반적입니다. C의 다중회귀모델의 경우, 표준화된 잔차가 2.16, -2.14, 2.49인 이상치가 있었습니다. 여기서 이상치에 해당하는 2개의 데이터를 제외하고 재계산한 결과가 그림 5-20입니다.

회귀절편 및 회귀계수의 수치가 다른 것은 당연하지만 'P-값'을 보면 유의수준이 10%라도 '나이' 설명변수에서는 의미가 없다고 판단되며, 분석 결과가 당초의 회귀분석과 크게 달라졌음에 주의합니다. 즉, 그만큼 이상치의 영향이 크다는 것입니다.

질적 데이터를 예측한다

수량화Ⅰ류와 로지스틱 회귀를 사용한다

보건사 C 는 혈압에 영향을 주는 요인으로

조사해서 얻은 다른 변수를 사용할 수 있을지를 검토했습니다.

그러나 C 가 수행한 조사는 카테고리 변수의 질적 데이터가 많아

양적 데이터를 전제로 한 회귀분석은 사용할 수 없습니다.

그렇기에 C 는 질적 데이터를 이용할 수 있는 수량화Ⅰ류와

로지스틱 회귀를 사용해서 분석하기로 했습니다.

1 수량화Ⅰ류 - 양적 데이터의 피설명변수와 질적 데이터의 설명변수에 의한 회귀분석

C가 수행한 조사에서는 '나이' 및 '신장', '체중' 이외의 다양한 항목도 질문했습니다. 그 결과로 얻은 대다수 데이터는 질적 데이터이므로 일반적인 회귀분석은 사용할 수 없습니다. 그래서 수량화Ⅰ류와 로지스틱 회귀분석을 이용해서 분석했습니다.

C가 시도한 다중회귀분석에서는 '혈압'을 예측하는 설명변수로 '나이'는 그리 유효하지 않았습니

No	나이 (현재)	성별	흡연	...	수축기 혈압	...
1	40	2	2	...	88	...
2	64	2	2	...	117	...
3	56	1	2	...	136	...
:	:	:	:	:	:	:
50	37	1	2	...	153	...

질적 데이터를
양적 데이터로 변경

성별: 남성=1 　　　여성=2
흡연: '1일 10개비 이상 담배를 피웁니까?' → 피우지 않습니다=1 　　피웁니다=2

그림 5-21 C가 수행한 생활습관과 혈압의 관계를 조사한 조사 데이터셋

다. 그래서 C는 회귀모델을 개선하고자 별도의 변수를 설명변수로 사용할 수 없을지 조사 데이터를 재검토합니다.

그 결과 그림 5-21처럼 '성별'과 '흡연'을 항목으로 정했습니다. 이들은 양적 데이터가 아닌 질적 데이터이므로 앞 절에서 검토한 회귀분석을 사용할 수 없습니다. 이때 회귀분석 대신 사용하는 것이 수량화 I 류라는 데이터 해석 방법입니다.

■ 질적 데이터를 수치화한다

일반적으로 수량화 I 류에서는 그림 5-21의 '성별' 및 '흡연'과 같은 카테고리 변수 데이터를 그림 5-22처럼 0과 1의 데이터로 계산합니다.

이런 데이터를 사용해 회귀계수에 해당하는 카테고리 점수를 데이터로부터 추정하면, '성별' 및 '흡연' 카테고리 변수의 질적 데이터를 이용해 '혈압'이라는 연속 변수의 양적 데이터를 예측할 수 있습니다.

NO	성별(X1)		흡연(X2)		수축기 혈압 (Y)
	남 (C1)	여 (C2)	안 피운다 (C3)	피운다 (C4)	
1	0	1	0	1	88
2	0	1	0	1	117
3	1	0	0	1	136
⋮	⋮	⋮	⋮	⋮	⋮
50	1	0	0	1	153

성별을 0과 1로 수치화

흡연 습관의 유무를 0과 1로 수치화

그림 5-22 수량화 I 류에서 사용하는 데이터 형식으로 변경

그림 5-23은 그림 5-22의 데이터를 적용한 수량화 I 류의 모델로 C가 시도한 추정 결과를 보여주고 있습니다.

또한 회귀모델과는 달리 수량화 I 류 모델에서 계수 bi(카테고리 점수)는 변수가 아닌 카테고리 Ci 에 대응하고 있음에 주의합니다.

그림 5-23의 결과에 따르면 매일 담배를 10개비 이상 피우는 남성은

123.9 + 8.1 × 1 - 6.9 × 0 - 22 × 0 + 0.8 × 1 = 132.8

로 고혈압 기준치인 130을 넘는 것을 알 수 있습니다.

■ 더미변수를 사용해서 회귀분석 도구로 예측하다

C가 시도한 수량화 I 류는 Excel의 '분석 도구'에는 없지만, 그림 5-21의 데이터를 그림 5-22가 아닌 그림 5-24 같은 형식으로 만들면 회귀분석을 사용해 같은 예측값을 도출하는 회귀모델을 구할 수 있습니다.

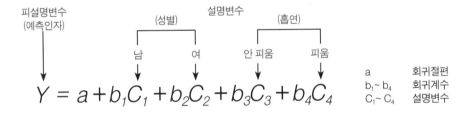

$$Y = a + b_1C_1 + b_2C_2 + b_3C_3 + b_4C_4$$

매일 담배를 10 개비 이상 피우는 남성의 혈압을 예측해보면…

$$
\begin{aligned}
Y &= 123.9 + 8.1C_1 - 6.9C_2 - 2.2C_3 + 0.8C_4 \\
&= 123.9 + 8.1 \times 1 - 6.9 \times 0 - 2.2 \times 0 + 8.1 \times 1 \\
&= 132.8
\end{aligned}
$$

그림 5-23 수량화 I 류의 모델과 C의 추정 결과

그림 5-24의 변수 X1 및 X2는 그림 5-21의 카테고리 변수 '성별(남성=1, 여성=2)'과 '흡연 여부(안 피운다=1, 피운다=2)'처럼 0과 1의 카테고리로 변환한 것으로 '어떤 사건이 발생했다(=1), 발생하지 않았다(=0)'라는 형식으로 만든 변수입니다. 이런 변수를 더미변수라고 하며 회귀분석에서 자주 활용됩니다.

그림 5-25는 그림 5-24의 데이터를 사용해 회귀분석을 한 결과를 나타냅니다. 이 회귀모델에서 앞선 예측 사례처럼 매일 담배를 10개비 이상 피우는 남성의 혈압 예측값을 구해보면

$$117.8 + 15.0 \times 1 - 3.0 \times 0 = 132.8$$

로 수량화 I 류와 결과가 동일함을 확인할 수 있습니다.

No.	성별 (X1)	흡연 (X2)	수축기 혈압 (Y)
1	0	0	88
2	0	0	117
3	1	0	136
:	:	:	:
50	1	0	153

그림 5-24 더미변수를 사용한 데이터 형식

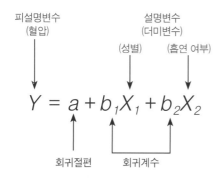

피설명변수
(혈압)

설명변수
(더미변수)

(성별) (흡연 여부)

$$Y = a + b_1X_1 + b_2X_2$$

회귀절편   회귀계수

두 추정 결과는 동일하다!

매일 담배를 10개비 이상 피우는 남성의 혈압을 예측해보면

$$Y = 117.8 + 15.0X_1 - 3.0X_2$$
$$= 117.8 + 15.0 \times 1 - 3.0 \times 0$$
$$= 132.8$$

그림 5-25 회귀모델에 따른 추정 결과

C는 또한 고혈압 및 비만이 영향을 주는 질환에 대해 검토하고자 그림 5-26처럼 '심근경색' 변수에 주목했습니다. 그래서 C는 이 질환에 대한 '5년 전 혈압(수축기)'과 'BMI 값'의 영향을 분석할 수 있을지를 생각합니다.

상정한 것은 '심근경색'을 피설명변수로, '5년 전 혈압'과 'BMI 값'을 설명변수로 하는 회귀모델이지만, 앞에서 시도해본 수량화 I 류와는 반대로 피설명변수가 질적 데이터고 설명변수가 양적 데이터인 점이 문제입니다.

■ 심근경색에 걸릴 확률을 예측한다

이런 타입의 데이터를 사용해서 예측을 하는 데는 로지스틱 회귀라는 방법이 자주 이용됩니다. 정확히 이야기하면 로지스틱 회귀에서 최종적으로 구해지는 예측값은 어떤 사건이 나타날 비율(확률)입니다. C가 그림 5-26을 검토하는 경우라면 데이터의 수치가 1이 되면 예측될 확률, 즉, '심근경색에 걸릴 확률'입니다.

로지스틱 회귀에서는 피설명변수의 수치를 로그 오즈비(odds ratio)라는 수치로 변환합니다. 예를 들어 그림 5-26의 '심근경색'의 경우, 수치가 1일 때(심근경색의 기왕증이 있는 사람)는 조사 대상인 50명 중 1로 답변한 사람의 비율을 p로, 'p/(1-p)'를 로그(자연로그) 변환해 원래 수치인 '1'로 대치합니다(이러한 변환을 로짓 변환이라 합니다).

NO	심근경색의 기왕증	BMI 값	5년 전의 수축기 혈압
1	0	22.04	112
2	1	23.20	159
3	0	24.43	119
⋮	⋮	⋮	⋮
50	1	29.39	78

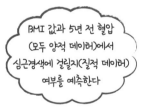

심근경색의 기왕증:
'과거에 심근경색으로 진단받은 적이' → 있다=1　　　없다=0

그림 5-26 심근경색 영향을 분석하기 위한 데이터

column

로그

로그는 이하의 (1)식을 (2)식으로 바꾼 것입니다. (2)식의 a는 '로그의 밑'이라 하며, a=10일 경우 (2)식을 상용로그라고 합니다. 또, a가 '자연로그의 밑'이라 부르는 e(2.71828182846…)일 경우, (2)식을 자연로그라 합니다.

$$y = a^p \cdots (1) \rightarrow p = \log_a y \cdots (2)$$

데이터를 로그 변환하는 목적은 모델을 선형화하는 것에 있습니다. 로그는 이하의 (3)식처럼 변수 Y와 Z의 곱셈을 더하거나 (4)식처럼 나눗셈을 뺀 계산이 가능합니다. 즉, 선형화 가능합니다. 로그의 편리한 특징 때문에 데이터 사이언스를 비롯한 기술 계산에서 자주 활용됩니다.

$$\log_a xy = \log_a x + \log_a y \cdots (3)$$

$$\log_a \frac{x}{y} = \log_a x - \log_a y \cdots (4)$$

column

오즈비(odds ratio)

오즈(odds)는 '승산'으로 번역되기도 하듯 경마 및 경륜 등의 도박에서 자주 사용합니다. 수학적 의미는 어떤 사건이 발생할 확률 p와 사건이 발생하지 않을 확률 (1-p)의 비율로 아래처럼 정의됩니다.

$$\frac{p}{1-p}$$

정의식에 따라 이 계산치가 1을 넘으면 어떤 사건이 일어나지 않을 확률보다 일어날 확률이 커집니다.

로지스틱 회귀에서는 모델의 선형화를 위해 오즈비를 로그 변환하는데, 이런 변환을 로짓 변환이라 합니다.

C는 그림 5-26과 같은 데이터를 사용해 분석한 후 그림 5-27과 같은 로지스틱 회귀모델 추정 결과를 얻었습니다(모델은 일반적인 회귀분석과 비슷하지만, 추정 방법이 다르기 때문에 Excel '분석 도구'의 '회귀분석'은 사용할 수 없습니다).

이 추정 결과로부터 BMI 값이 30(비만), 혈압이 130(고혈압)의 예측값은

$$-9.720 + 0.246 \times 30 - 0.026 \times 130 = 1.040$$

이 됩니다. 다만 이 예측값 '1.040'는 로짓 변환된 수치의 예측값으로 이 분석의 최종 목표인 '심근경색에 걸릴 확률'은 아닌 것에 주의합니다.

이 예측값을 확률로 환산하려면 그림 5-28처럼 계산할 필요가 있습니다. 또한 그림 5-28의 e는 자연로그의 밑이라는 정수로

$$e = 2.71828182846\cdots$$

의 값을 가집니다.

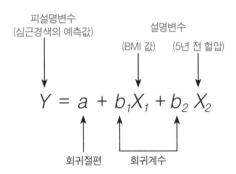

BMI 값이 30이고 5년 전 혈압이 130인 사람의 심근경색 예측값을 구해보면…

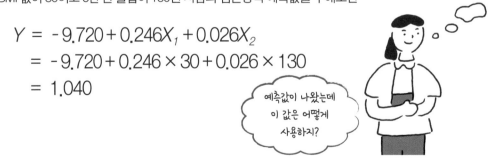

그림 5-27 로지스틱 회귀모델과 C의 추정 결과

그림 5-28의 결과로부터 BMI 값이 30(비만), 혈압이 130(고혈압)인 사람은 심근경색에 걸릴 리스크(확률)이 약 74%가 되는 것을 알 수 있습니다.

더 자세히는, 'BMI 값'과 '5년 전 혈압' 계수가 둘 다 플러스이므로 BMI 값이 30이상, 혈압이 130 이상이라면 그 확률이 점점 더 높아진다는 사실도 명확합니다. 여러분도 잘 아시다시피 비만 및 고혈압은 심근경색과 관련이 있습니다.

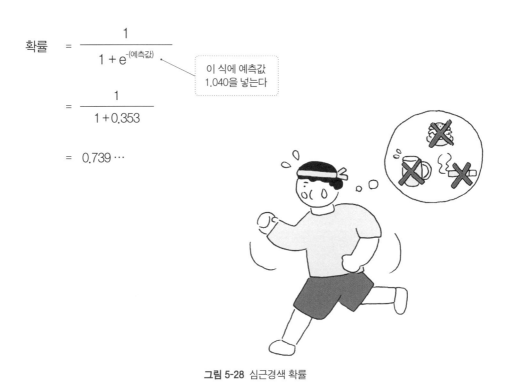

$$\text{확률} = \frac{1}{1 + e^{-(\text{예측값})}}$$

이 식에 예측값 1.040을 넣는다

$$= \frac{1}{1 + 0.353}$$

$$= 0.739 \cdots$$

그림 5-28 심근경색 확률

제 6 장

데이터 윤리를 생각하다

— 데이터화 사회에 경종 —

'데이터화 사회'에서는 데이터가 중요한 의미를 가집니다.

그러나 데이터는 인간에 의해 '만들어진' 것입니다.

그렇기에 데이터를 작성, 관리, 운영하려면 지침 및 규범이 필요해지는데,

관련 문제를 생각하는 것이 데이터 윤리입니다.

데이터 윤리란

데이터화 사회의 필수 과목

현대 사회는 다양한 데이터에 둘러싸인 '데이터화 사회'입니다.
'데이터화 사회'를 살아가는 우리는 데이터의 '과학'을 배움과 동시에
데이터의 '윤리'를 배우는 것도 중요합니다.
여기서는 데이터 윤리에 대해 생각해봅니다.

1 데이터 윤리와 데이터화 사회

만화가 아마세 시오리(雨瀬シオリ)의 인기 만화 '여기는 지금부터 윤리입니다(ここは今から倫理です。)'(집영사)에 주인공이 '윤리는 인생의 필수 과목'이라 말하는 장면이 있습니다. 생각해보면 이는 명언입니다.

'윤리란 무엇일까'라는 질문에 대답하기란 간단하지 않습니다. 여기서는 우리가 사회에서 살아가는 데 '무엇이 옳고, 무엇이 옳지 않은지'를 판단하는 규범이라 정의하겠습니다. 그러니까 우리는 윤리를 모른다고 해도 살아갈 수 있습니다. 그러나 사회에서 어엿한 시민으로 살아가기 위해서는 '필수 과목'으로 윤리를 배우고, 이를 실천하는 것이 불가결합니다.

윤리가 인간의 행동 규범이라 해도 인간의 행동은 매우 다양하므로 다양한 문제에 특화된 윤리를 생각하는 것도 중요합니다. 그중 하나가 본 장에서 다룰 데이터 윤리입니다.

제 1장에도 이야기했듯 현대 사회는 다양한 데이터에 둘러싸인 '데이터화 사회'입니다. 즉, 데이터 없이는 일상 생활이 이뤄지지 않는 사회입니다.

이런 사회에서 매일 데이터와 접촉하며 생활하는 우리는 데이터의 '과학'뿐 아닌 데이터의 '윤리'를 아는 것도

그림 6-1 데이터 윤리는 데이터화 사회의 필수 과목

중요합니다.

정보 윤리의 4가지 원칙

데이터 윤리에 대해 정설이 있는 것은 아니며, 데이터 윤리라는 말도 일반적이지는 않습니다. 다만 '정보 윤리'라는 분야가 있으며 많은 연구 결과가 발표되고 있습니다.

일반적으로 정보는 '다양한 사건 및 사실에 대해 알게 된 내용'이라 하지만 이들 중 많은 부분이 데이터라는 형태로 알고 있는 경우가 많다는 점을 생각하면, 정보 윤리의 논점은 데이터 윤리를 생각하는 데 참고가 됩니다. 그렇기에 제 2장에서 설명한 다양한 데이터를 상정하고 정보 윤리의 논점을 참고하면서 데이터 윤리를 검토해봅니다.

연구자 리처드 세버슨(Richard Severson)의 저서 '정보 윤리의 원칙'(The Principles for Information Ethics, Routledge)에 따르면 정보 윤리에는 4가지 원칙이 있으며, 그림 6-2는 그 원칙을 나타냅니다. 누구든 알기 쉽고, 이해하기 쉬운 원칙입니다.

그러나 정보에는 정보를 발신하는 발신자와 수용하는 수신자의 두 가지 입장이 있고, 각각의 입장에서 윤리의 사고방식에 차이가 있을 겁니다. 정보 윤리의 경우 넓은 의미에서의 정보를 상정하고 있으므로 이러한 입장의 구별을 그만큼 의식할 필요가 없을지도 모르지만, 데이터 윤리를 생각하

그림 6-2 정보 윤리를 둘러싼 세버슨의 4가지 원칙

는 데 이 구별은 중요합니다.

2 정보 윤리의 4가지 원칙과 데이터 윤리의 규범 예

데이터의 수신자와 송신자를 소비자(이용자)와 생산자(제공자)의 입장으로 이해하고, 세버슨이 말하는 4가지 원칙을 규범 예를 살펴보면서 데이터 윤리를 구체적으로 알아봅시다.

① 지적소유권 존중

데이터로부터 가치를 창조하는 데이터 사이언스의 입장이라면 데이터는 경제학에서 말하는 하나의 재물(생산물)에 해당합니다. 따라서 실제로는 대가를 지불하지 않고 인터넷을 통해 얻은 데이터라도 대가를 지불해 얻은 데이터와 같은 윤리가 요구됩니다.

② 프라이버시 존중

제2장에서 설명한 것처럼 프라이버시 문제는 특히 개표 데이터를 취급하는 경우, 데이터 생산자만이 아닌 데이터 소비자도 관계되므로 주의가 필요합니다.

데이터 소비자	• 다른 사람이 작성한 데이터를 허가 없이 복제하거나 퍼뜨리지 않는다 • 집계표 및 분석 결과를 발표할 경우 데이터 작성자를 명시한다
데이터 생산자	• 데이터가 나타내는 정보에 대한 책임의 소재를 명시(작성자 명시)한다 • 작성 과정을 명확히 하고 오리지널 데이터임을 나타낸다

그림 6-3 '① 지적소유권 존중'에 관한 규범의 구체적 예

데이터의 소비자	• 개인 대상의 개표 데이터는 개인정보가 유출되지 않게 유의한다 • 기업 대상의 개표 데이터는 영업상 비밀정보가 유출되지 않게 유의한다
데이터의 생산자	• 개표 데이터를 제공할 때는 개인정보 등을 특정할 수 없도록 일부 데이터(변수)를 비밀화한다 • 집계 데이터는 개인정보를 특정할 수 없게 집계 방법에 유의한다

그림 6-4 '② 프라이버시 존중'에 관한 규범의 구체적 예

③ 공정한 데이터 제공

이 원칙은 주로 데이터 생산자에게 부여되는데, 제공된 데이터가 공정한 것인지를 데이터 소비자 역시 체크하는 시점이 필요합니다.

④ 악의가 없을 것, 해를 끼치지 않을 것

이 원칙은 특히 데이터의 생산자의 경우 '③ 공정한 데이터 제공'과 중복되는 부분이 있습니다.

데이터는 물리적인 형태가 없기에 데이터가 사람에게 위해를 가하는 일을 상상하기 힘들 수도 있겠습니다.

그러나 실제로는 특정한 의도를 가지고 작성된 데이터가 많은 사람에게 좋지 못한 영향을 주는 일이 종종 있습니다. 예를 들어 제조회사가 데이터를 고치고 날조해 약효가 없는 신약을 판매해서 사회문제화된 일이 있습니다. 그 결과 어떠한 일이 일어났을지는 상상해보시기 바랍니다. 이러한 일은 다양한 분야에서 일어나고 있습니다.

데이터 소비자	• 작성자가 불명확하고 신뢰성이 결여된 데이터를 사용하지 않는다 • 어떤 방법으로 데이터를 수집했는지 명시한다
데이터 생산자	• 데이터는 과학적인 방법으로 작성되어야만 한다 • 데이터 작성 과정은 원칙처럼 공표되어야만 한다 • 데이터를 변조하거나 날조하면 안 된다

그림 6-5 '③ 공정한 데이터 제공'에 관한 규범의 구체적 예

데이터 소비자	• 어떤 개인 및 기관이 데이터를 작성했는지를 안다 • 데이터가 작성자의 이해(利害)를 좌우하는 정보인지를 이해한다
데이터 생산자	• 데이터는 과학적인 방법을 이용해서 작성해야만 한다 • 데이터 작성 과정은 원칙처럼 공표되어야만 한다 • 데이터를 의도적으로 변조하거나 날조하면 안 된다 • 데이터가 공공의 이익에 관하는 경우는 제 3 자 기관의 체크가 필요

그림 6-6 '④ 악의가 없을 것, 해를 끼치지 않을 것'에 관한 규범의 구체적 예

3 분석의 윤리

여기까지 데이터 자체의 취급을 둘러싼 윤리를 이야기했습니다. 데이터 윤리라는 주제로 여기서
이야기를 끝내도 좋겠지만, 데이터 작성만이 아닌 데이터 활용을 목적으로 하는 데이터 사이언스
의 입장이라면 부족한 점이 하나 있습니다. 바로 데이터를 사용한 분석 결과의 윤리로, 여기서는
'분석의 윤리'라 하겠습니다.

새로운 지식을 둘러싼 문제

책에서는 제2장부터 제 5장에 걸쳐 데이터 해석의 다양한 공정을 다뤘습니다. 비슷한 항목을 분류
하고 예측값을 구하는 등의 과정은 모든 데이터를 활용해 도출된 새로운 지식이며, 가공된 데이터
라는 의미에선 하나의 데이터라 말할 수 있습니다. 다만 새로운 지식의 내용과 그 영향에는 적어
도 두 가지 문제가 있다는 점에 주의해야만 합니다.

① 정확성과 확실성이 부족한 경우가 있다

새로운 지식은 '새롭다는' 사실만으로 내용의 정확성 및 신뢰성이 부족한 경우가 자주 있습니다.
이것이 제1의 문제입니다.

② 사회의 관심 및 주목을 모으기 쉽다

그러나 '새롭다는' 것은 사회의 관심 및 주목을 모으기 쉽다고 할 수 있습니다. 이것이 제2의 문제입니다.

예를 들어 새로운 지식의 예측값이 사회적으로 반향을 부르고, 많은 사람에게 다양한 영향을 준다고 합시다. 이 예측값이 결과적으로는 사실과 반대되는 불확실한 내용이더라도 아무도 책임을 지지 않는 사례는 무수히 있습니다.

소비자(이용자)도 상대적 평가를

이러한 사실을 감안하면 적어도 데이터 사이언스 세계에서는 분석의 윤리가 데이터 윤리와 같이 중요한 검토 과제라 생각될 수 있습니다.

데이터 윤리와 같이 소비자(이용자)와 생산자(제공자)의 입장에서 분석의 윤리를 검토하면 문제 대부분은 분석 결과의 생산자 측에 있지만, 소비자도 생산자 말에만 따르기보단 결과의 진위를 판별하는 힘을 기르는 것이 바람직합니다. 데이터 사이언스를 공부하는 의의는 여기에도 있습니다.

데이터 윤리와 같이 분석의 윤리도 정설로 확립된 규범은 없지만 가장 기본이 된다고 생각되는 규범의 예를 몇 가지 들겠습니다.

분석결과 소비자	• 자신이 이해하지 못한 방법에 의한 분석 결과에 대해서는 결과의 신뢰성에 유의한다(분석 결과의 상대적 평가) • 이를 위해 데이터 사이언스의 지식을 몸에 익히기를 권장한다

분석결과 생산자	• 데이터 해석 방법은 전제 조건을 충분히 검토한 후에 적용해야만 한다 • 데이터를 의도적으로 변조 및 날조해 분석 결과를 왜곡하면 안 된다 • 분석 결과가 공공의 이익에 관계되는 경우에는 제 3 자 기관의 체크가 필요 • 분석 결과의 책임자와 책임의 소재를 명시한다

그림 6-7 분석의 윤리에 관한 규범의 구체적 예

윤리 위반 사건집

과거에 데이터 윤리를 위반한 사례는 여러 건 있습니다.

여기서는 대기업 제약회사 노바티스사의 '디오반 사건'과 후생노동성의 '통계부정 사건'을 다루고,

이 사건이 어떤 윤리규범을 위반했는지 알아보겠습니다.

1 디오반 사건

▶ 사건 개요

외국계 제약회사인 노바티스사가 일으킨 데이터 날조 사건

사건의 발단은 회사가 2000년에 개발, 판매한 고혈압치료약 '디오반(발사르탄)'의 효과를 둘러싼 임상논문이다. 이 논문들에 따르면 '디오반'이 고혈압에 우수한 효과가 있는 데다 협심증 및 흉경색의 발병을 억제하는 효과도 있다고 했지만, 많은 연구자가 의문을 제기했으며 데이터 날조 및 부정한 데이터 해석 의혹이 높아졌다.

사태를 심각하게 여긴 후생노동성 및 관련 대학은 사실관계 조사에 착수했고, 5개 대학의 연구 중에 4개 대학의 연구에서 데이터 및 데이터 해석에 부정이 있다고 여겨졌다. 또, 이들 임상연구는 회사가 5개 대학에 제공한 기부금 등으로 진행되었고, 회사 사원인 S가 각 대학의 임상시험 데이터 해석 전문가로 관련되어 있었다는 사실도 발각되었다.

2014년 후생노동성은 용의자 불명으로 동경지검에 약사법(과대광고 금지) 위반 용의로 형사고발하고 논문작성 부정에 관여한 S를 체포해 재판했다.

또한 재판은 1심(2017년), 2심(2018년) 모두 S의 '데이터 날조'를 인정했으나 '논문은 허위 내용을 포함한 학술논문이고, 약사법에서 말하는 '광고'는 아니다'라 주장해 S의 무죄판결이 나왔다. (2021년 현재 최고재판소에서 심리 중). 한편 재판에서 심리 대상이 된 것은 발표된 5개 논문 중 하나였음에도 불구하고, 5개 논문은 최종적으로 전부 철회되었다.

혈압만이 아니라 협심증 및 흉경색도 억제합니다.

이 사건은 형사사건으로는 '무죄 판결'이 확정될
가능성이 높으므로 '사건'에 해당하지는 않는
다고 생각하는 사람도 있겠습니다. 그러나 데
이터 변조에 의한 분석 결과의 사회적 영향을 고려
하면 제약회사, 데이터를 변조한 S, 기부금을 받아
임상 연구를 한 대학의 책임은 작지 않습니다.
문제는 증거가 있음에도 재판에서 무죄판결이
나왔다는 점입니다.

이 사건의 가장 중요한 논점은 데이터의 중요성
및 데이터 윤리가 널리 요구되고 있는 데이터화
사회에서 법률이 현재 상황에 충분히 대응하지 못하고 있다고 생각됩니다.

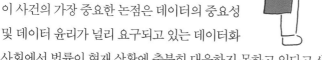

과대광고로만 판단할 수 있으니…

왜 무죄야?

즉, 현행 법률에 따라 '약사법'의 '과대광고 금지'에 저촉하는 안건으로만 기소했기에 '학술논문은
광고에 해당하지 않으므로 무죄'라는 결과가 되었습니다. 여기서 이런 배경이 있음을 충분히 고려
해 데이터 윤리와 분석의 윤리로 이 사건의 문제점을 살펴보겠습니다.

① 데이터 윤리

데이터 윤리로 살펴보면 노바티스사로부터 기부금을 받아 임상연구를 한 대학은 데이터 생산자인
동시에 데이터 소비자입니다. 이 경우 양쪽은 독립적이지 않고, 소비자의 입장에서 생산자를 체크
하기 어려우므로 부정의 온상이 되기 쉽다고 말할 수 있습니다. 데이터 윤리로 '디오반 사건'을 평
가하면, 먼저 지적할 수 있는 점은 공정한 데이터 제공에 관한 윤리 위반입니다.

'악의가 없을 것, 해를 끼치지 않을 것'에 대해서도 윤리 위반이 있다고 말할 수 있습니다. 노바티스
사의 '디오반'은 사건 발생 이전부터 고혈압치료제로 허가, 판매되어 왔고 그 과정에서 부작용 등의
큰 피해가 발생한 것은 아닙니다.

그러나 피해가 없다고 하는 이유로 이런 데이터 변조가 용서받으면 데이터에 대한 사회적 신뢰를
현저하게 저하시키고, 같은 사건을 이후에도 유발시킬 수 있습니다(책 집필 중에도 모 대학의 의
학 연구자에 의한 데이터 변조가 발각되고, 연구가 중단되는 사건이 있었습니다).

또, 변조 데이터에 의한 분석 결과를 믿고 디오반을 처방한 의사 및 이 약을 계속 사용한 환자 입장에서는 디오반 이외의 선택지를 막았다는 의미로 불필요한 부담을 더하게 됩니다. 따라서 실제 피해가 있든 그렇지 않든 이 사건은 '해를 끼친다'는 점에서 윤리 위반으로 볼 수 있습니다.

② 분석의 윤리

디오반 사건은 대학의 임상연구가 문제가 되었으므로 데이터 변조보다 더 문제가 되는 건 이런 변조 데이터를 이용한 실제 분석 결과의 책임이 있다는 점, 즉, 분석의 윤리입니다. 데이터 윤리의 경우와는 다르게 사건의 당사자가 '분석 결과 생산자'이고 실제로 디오반을 처방한 의사 및 이것을 복용하는 환자가 '분석 결과 소비자'가 되므로 소비자 측에서 생산자 측의 체크를 어느 정도 기대할 수 있습니다.

실제 이 사건은 노바티스사가 선행한 약효(디오반의 고혈압에 대한 우수한 효과와 협심증 및 흉경색의 발병을 억제하는 효과)에 대해 많은 연구자 및 의료 관계자가 의문을 제기하기 시작했습니다.

여기서 분석 결과의 생산자 관점에서 이 사건을 평가하면, 앞 절 그림 6-7의 구체적 예시처럼 '데이터를 의도적으로 변조 및 날조하고 분석 결과를 왜곡해서는 안 돼다', '분석 결과가 공공의 이익에 관하는 경우에는 제3자 기관의 체크가 필요하다'에 대한 윤리 위반이라 할 수 있습니다. 기부금을 받아 임상연구를 한 대학은 여기서 말하는 제3자 기관에는 해당하지 않습니다.

또, 데이터 해석 책임자로 데이터를 변조한 S에 대해서는 임상연구로 발표된 논문에 노바티스사의 사원이 아니었다는 점을 생각하면 '분석 결과의 책임자와 책임의 소재를 명시한다'는 점에서도 윤리 위반이라 말할 수 있습니다.

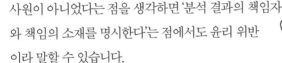

2 통계부정 사건

▶ 사건 개요

후생노동성이 일으킨 통계부정 작성 사건

사건의 발단은 후생노동성이 작성, 발표한 '매월근로통계조사'에서 부적합한 조사방법을 적용한 일이다.

조사는 법률(통계법) 규정에 따라 '기간통계'로 지정된 통계조사로서, 조사 방법 및 발표에 총무대신의 심사와 승인이 의무적인 중요한 공적 통계. 그러므로 총무대신의 허가 없이 조사 방법 등을 변경하는 것은 법령위반이 되지만 후생노동성은 총무대신에게 신고를 소홀히 하고, 전수조사를 해야 하는 동경부의 대기업에 대한 조사를 2004년 이후, 일부 추출한 표본조사로 해왔다. 게다가 필요한 통계처리도 하지 않으므로 평균임금액이 낮게 나오는 등의 영향이 생기고, 같은 조사의 평균임금액에 따라 산정되는 고용보험 및 산재보험 등의 지급액이 과소평가되어왔다.

이 통계부정 사건은 2018년 통계행정을 관리하는 정부의 통계위원회에서 평균임금의 성장률을 의심하고, 후생노동성이 부적한 조사를 인정함으로써 발각되었다. 이런 사태를 일으킨 후생노동성은 '매월근로통계조사 등에 관한 특별감사위원회'를 설치하고 사건의 규명 및 통계에 대한 신뢰를 회복하기 위한 방책 등에 대한보고서를 정리했다. 또한 원래 지급해야만 할 지급액을 보전하기 위해 정부는 이례적으로연말에 결정한 2019년도 예산안을 재의결했다.

2018년에 일어난 이 사건은 많은 사람들의 피해가 발생했고, 커다란 사회적 반향을 불러왔습니다. 다만 문제가 된 데이터는 통계법에 의한 법률에 기반해 작성되었으므로 디오반 사건처럼 민간기업 및 연구기관에서 작성한 데이터와는 근본적으로 다르다는 점에 주의합니다.

통계법에 기반해서 작성된 데이터를 행정용어로는 공적 통계(official statistics)라 합니다. 대표적으로 5년에 1번 실시되는 국세조사(인구조사)가 있습니다. 이외에도 매년 다양한 공적 통계가 조사 및 작성되고 있으며, 이들 데이터 중에는 '국가 및 사회에 관한 정보'라는 통계 데이터 본래의 의

미만이 아닌 다양한 정책의 근거로 사용되는 '법정수학'으로서의 의미를 가지는 것도 있습니다.

예를 들어 이 사건의 대상이 된 '매월근로통계조사'의 경우, '사건 개요'에서 서술한 것처럼 평균임금액 데이터가 고용보험(고용보험법 제18조) 및 근재(산재)보험(노동자 재해보상보험법 제 8조)의 급여금 산정의 기초가 되도록 법률로 정해져 있습니다. 그렇기에 많은 사람들에게 피해가 발생했습니다.

여기서 이런 공적 통계가 갖는 사회적 책임을 전제로 데이터 윤리와 분석의 윤리의 시점으로부터 이 사건의 문제점을 검증해보겠습니다. 또한 후생노동성이 '매월근로통계조사'의 실시자이자 데이터 작성자이므로 생산자 입장을 전제로 윤리 위반을 검토하도록 하겠습니다.

① 데이터 윤리

데이터 윤리 면에서 살펴보면 먼저 문제가 되는 것은 공정한 데이터 제공에 관한 윤리 위반입니다. 그러나 디오반 사건과는 달리 본래대로라면 '통계법'이 데이터 생산자에 의한 공정한 데이터 제공을 담보하는 법적인 근거가 되는 것으로, 사실 이 법률도 이를 목적으로 제도 및 설계되었습니다.

그러므로 이 사건이 공정한 데이터 제공의 윤리 위반에 해당한다는 것은 후생노동성이 이 통계법을 준수하지 않았음을 의미합니다. 그렇게 되면 이 사건은 더 이상 데이터 윤리 위반을 넘어선 심각한 문제임을 눈치챌 수 있습니다.

말할 필요도 없지만 후생노동성은 행정부의 한 기관입니다. 이런 행정기관은 통상 다양한 행정법에 기반해 운영되고, 행정기관은 우리 일반인이 법률을 준수하는 것 이상으로 행정법을 엄격히 준수해야 합니다.

즉, 이 사건은 후생노동성이라는 행정기관이 통계법이라는 행정법을 준수하지 않은, 데이터 윤리 이상으로 중요한 문제가 있는 것입니다.

데이터 윤리를 말하자면 '악의가 없을 것, 해를 끼치지 않을 것'도 문제가 될 법하지만 이에 대해서는 다소 미묘한 점이 포함되어 있습니다. '통계법'상의 법률적인 문제를 별도로 하면 대상이 된 '동경부의 대기업'을 전수조사로 하지 않고 표본조사로 했다고 해도 랜덤으로 조사 대상을 추출했다면 통계학상 문제는 없기에 '악의가 없을 것, 해를 끼치지 않을 것'의 윤리 위반을 묻기란 어렵기 때문입니다.

그러나 실제로는 평균임금액이 과소평가되고 많은 사람에게 피해를 입힌 것은 틀림없습니다. 때문에 문제는 오히려 평균임금액의 계산 과정에 있으며, '평균치'를 둘러싼 통계처리와 관련 있으므로 '② 분석의 윤리'에서 자세히 살펴보도록 하겠습니다.

② 분석의 윤리

통계부정에 관해서 '특별감사위원회'가 발표한 '추가 보고서'에 의하면 '추출조사로 한 경우, 추계를 위해 추출률에 따라 적절한 복원 처리를 수행하는 것이 필요하다'는 점에도 불구하고 실제로는 수행하지 않았고 그 결과 '금액이 저하되었다'고 했습니다.

■ 복원 처리 문제

여기서 복원 처리의 정의와, 복원 처리를 하지 않으면 왜 이런 일이 일어나는지를 간단히 설명하겠습니다.

매월근로통계조사에서는 중소기업에는 일부 추출에 의한 표본조사, 대기업에는 전수조사를 적용하게끔 되어 있습니다. 또한 고용보험 및 근재(산재)보험의 급여액 산정에는 결과로 얻은 평균임금액을 활용합니다. 일반적으로 평균임금은 중소기업보다 대기업 쪽이 높다는 점에 주의할 필요가 있습니다.

이런 점을 전제로 하고 '추가 보고서'의 지적을 평가해보겠습니다.

처음에는 보고서에 기입된 복원 처리라는 말의 의미입니다. 이는 평균임금을 구하는 경우 weight(무게)의 크기를 정확히 복원하는 것입니다.

모집단	중소기업	대기업
기업 수	200 사	100 사
추출률	50%	100%
조사 대상 기업 수	100 사	100 사

> 평균임금은
> 중소기업 30만엔
> 대기업 35만엔

식 6-8-1 적절히 복원 처리한 경우 평균임금액 W의 계산

$$W = \frac{30 \times 200 + 35 \times 100}{300}$$

$$= 31.66 \cdots$$

6-8-1 매월근로통계조사로 인정된 방법의 경우

모집단	중소기업	대기업
기업 수	200 사	100 사
추출률	50%	50%
조사 대상 기업 수	100 사	50 사

식 6-8-2 적절히 복원 처리한 경우 평균임금액 W의 계산

$$W = \frac{30 \times 200 + 35 \times 100}{300}$$

$$= 31.66 \cdots$$

식 6-8-3 적절히 복원 처리하지 않은 경우 평균임금액 W의 계산

$$W = \frac{30 \times 200 + 35 \times 50}{250}$$

$$= 31$$

> 대기업의 수를 50개사로
> 계산하고 있으므로 전체
> 평균임금이 낮아진다

6-8-2 매월근로통계조사에서 실제로 수행한 방법의 경구

그림 6-8 평균임금계산의 문제점

■ 단순한 예로 생각해보면…

이야기를 쉽게 이해하고자 그림 6-8처럼 단순한 경우를 상정해 보겠습니다. 이 그림에서는 모집단이 되는 중소기업이 200사, 대기업이 100사이고, '조사 대상 기업'의 평균임금액은 종소기업이 30만 엔, 대기업이 35만 엔이 됩니다. 또한 각각의 평균치는 모집단의 평균치와 일치하며, 표본추출률은 50%라 합니다.

통계부정사건에서 문제가 된 복원 처리는 식 6-8-1과 식 6-8-2처럼 모집단의 기업 수에 weight를 더해 평균치를 계산하는 것입니다.

예를 들어 식 6-8-1에서는 중소기업 1사당 평균치가 30만 엔이며, 모집단 전체는 200사가 있기 때문에 30만 엔×200사, 한편 대기업 1사당 평균치는 35만 엔이며 모집단 전체는 100사이므로 35만 엔×100사, 따라서 모집단인 300사의 1사당 평균치는 약 31.7만 엔이 됩니다.

그런데 이 사건의 경우는 식 6-8-3처럼 계산했기에 문제가 발생했습니다. 이 식에서는 대기업의 weight가 모집단 100사가 아닌 '조사 대상 기업 수'의 50사를 활용했습니다. 즉, 모집단 대기업 수의 weight를 복원하지 않고 그대로 35만 엔×50사로 계산했기 때문에 대기업의 임금액 크기가 상대적으로 작아지고 결과적으로는 평균임금액이 과소평가되었습니다.

이 점에서 통계부정사건을 간단하게 정리하면 그림 6-8-2처럼 조사 방법에서 얻은 데이터로 식 6-8-2의 계산에 기반해 평균임금액을 구해야 하는데, 고용보험 및 근재(산재)보험의 급여액을 과소평가한 결과로 많은 사람들에게 경제적 영향을 주게 되었습니다.

특히 복원 처리를 소홀히 해 평균임금액을 구했는지 여부가 중요한 논점이 되므로, 이 사건은 생산자 측의 분석 윤리부터 검토할 필요가 있습니다. 이 경우 먼저 지적할 사항은 '데이터 해석 방법은 전제조건을 충분히 검토한 후에 적용해야만 한다'에 대한 윤리 위반입니다.

산술 평균의 성질을 생각한다면 복원 처리를 하지 않고 평균임금액을 구하면 대기업의 영향이 과소평가되는 것은 명확한데, 이 점에서 후생노동성은 신중하게 검토, 대응해야만 했습니다.

한편 후생노동성은 공적인 행정기관으로 통계법상의 규약도 있으므로 '데이터를 의도적으로 변조 및 날조'를 했다고는 생각되지 않지만 '분석 결과를 왜곡'한 것은 사실이므로 이 점도 역시 윤리를 위반했다고 간주됩니다. 다만 '분석 결과가 공적 이익에 관한 경우는 제3자 기관의 체크가 필요'하다는 점에서는 이 사건이 통계위원회에 의한 지적을 기회로 발각된 것을 생각하면 체크 기능을 어느 정도 수행했다고 말할 수 있습니다.

제 7 장

데이터 사이언스와 AI
─ 빅데이터가 가져온 데이터 혁명 ─

빅데이터를 전제로 한 데이터 사이언스는
기계학습 및 AI에 깊게 관여하고 있습니다.
이런 의미에서 데이터 사이언스에서는
빅데이터를 활용한 AI의 수리모델을 주요 연구 목적으로 하고 있기 때문입니다.

기계학습의 기본
데이터를 갱신하면서 수리모델을 개량한다

데이터 사이언스 연구 중 대부분은 빅데이터를 전제로 하고 있습니다.
빅데이터 해석에는 기계학습 및 심층학습 사고방식이 효율적이므로,
데이터 사이언스에서도 이들을 기본으로 한 연구가 진행되고 있습니다.

1 기계학습 · 심층학습 · AI

이 책에서는 넓은 의미에서 '데이터 과학'으로 데이터 사이언스를 제의하고 있지만 오늘날 시중에 유통되는 데이터 사이언스 관련 책은 대부분 빅데이터를 전제로 하고 있습니다. 이것은 데이터 사이언스가 빅데이터를 활용한 AI(인공지능: Artificial Intelligence)의 수리모델을 주요한 연구 목적으로 하고 있기 때문입니다.

AI라면 첨단기술 중 하나로 최근 들어 사회적 관심이 집중되는 면이 있지만 연구 역사는 의외로 오래되었으며, 1950년 정도까지 거슬러 올라갈 수 있습니다. 그 사이 몇 번이나 AI 붐이 있었지만 최근의 AI 붐은 빅데이터의 활용을 전제로 한 심층학습(deep learning)의 발전을 빼고는 이야기할 수 없습니다.

기계가 '학습'한다는 것은

심층학습은 그림 7-1에서 알 수 있듯 말하자면 기계학습의 발전형으로 볼 수 있습니다.

여기서 주의해야 할 점은 학습의 의미입니다.

기계학습이라면 기계, 즉 컴퓨터가 학습한다는 인상을 받지만

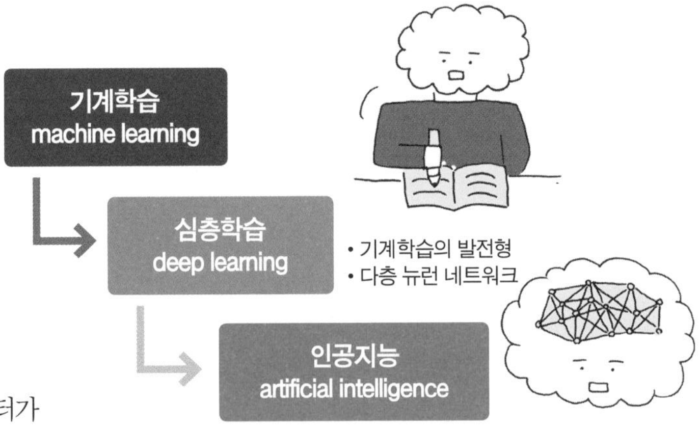

기계학습 machine learning

심층학습 deep learning
· 기계학습의 발전형
· 다층 뉴런 네트워크

인공지능 artificial intelligence

그림 7-1 기계학습부터 심층학습, AI로의 흐름

컴퓨터가 스스로 학습하는 것은 아닙니다.

실제로는 컴퓨터를 사용해 데이터를 갱신하면서 수리모델을 개량하는 것을 학습이라 부릅니다. 심층학습은 기계학습이 상정하는 수리모델로부터 특히 뉴런 네트워크라는 수리모델에 특화되어 발전한 기술입니다. 이 점에서는 넓은 의미로 기계학습의 일종이라 말할 수 있습니다. 먼저 기계학습의 기본적인 사고방식을 간단하게 설명하겠습니다.

기계학습

그림 7-2와 같이 기계학습은 4가지 과정으로부터 성립됩니다.

■ 데이터 프리퍼레이션

데이터 프리퍼레이션(data preparation)은 말 그대로 데이터 준비 과정입니다. 여기서 데이터는 빅

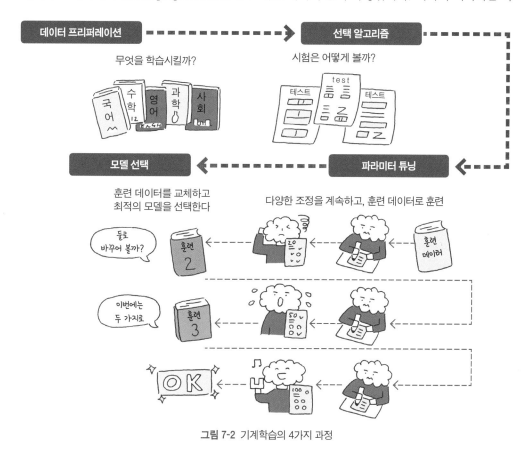

그림 7-2 기계학습의 4가지 과정

데이터만을 의미하지는 않지만, 빅데이터라면 학습의 진가를 보다 더 발휘할 수 있다고 말할 수 있습니다.

■ 선택 알고리즘

다음은 선택 알고리즘입니다. 여기서 말하는 알고리즘은 데이터 해석 방법을 가리킵니다. 분석 목적에 따라 필요한 데이터 해석 방법을 선택하는 과정입니다.

■ 파라미터 튜닝

알고리즘을 선택한 후 그 알고리즘을 구체화한 수리모델의 파라미터를 조정하는 작업이 필요하며 이를 파라미터 튜닝이라 합니다.

예를 들어 제 5장에서 다룬 회귀분석의 경우를 예로 들면 회귀분석이 알고리즘, 이 알고리즘을 사용해서 분석 목적을 위해 상정한 수리모델이 회귀모델, 그리고 그 수리모델을 실제 데이터로부터 특정한 회귀계수가 파라미터에 해당합니다.

■ 모델 선택

마지막으로 모델을 선택합니다. 튜닝을 끝낸 복수의 수리모델을 비교한 후 가장 좋은 모델을 선택하는 작업입니다. 따라서 가장 좋은 모델을 둘러싼 모델의 평가도 이 과정에 포함됩니다.

기계학습에서는 그림 7-3처럼 이들 과정을 반복해가며(학습해가며),

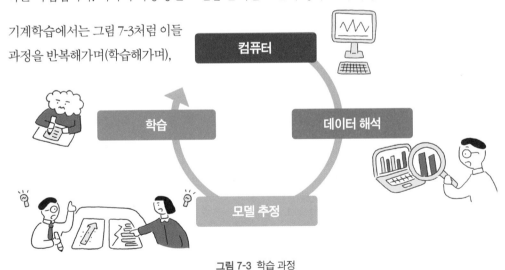

그림 7-3 학습 과정

끊임없이 수리모델을 개선하고(보다 더 좋은 성장), 보다 더 정밀도가 높은 예측 등을 하는 것(보다 더 좋은 성과를 생산)을 목적으로 하고 있습니다.

2 데이터 프리퍼레이션

기계학습의 4가지 과정을 보다 구체적으로 살펴보겠습니다. 먼저 데이터 프리퍼레이션입니다.

앞에서 빅데이터의 경우는 기계학습과 친화적이라고 말했습니다. 데이터를 상시 갱신할 수 있고, 따라서 학습도 상시 가능하기 때문입니다. 빅데이터의 특징에 대해서는 제2장에서도 다루었지만 그림 7-4와 같습니다.

■ 특징량 엔지니어링

물론 기계학습에서 상정하는 것이 빅데이터만은 아닙니다.

그러므로 데이터 프리퍼레이션 과정에서 중요한 것은 모은 데이터를 분석하기 쉬운 형태로 정형화하는 것입니다.

빅데이터의 조건

일반적인 데이터 관리, 데이터 처리 소프트로는 다루기 힘든 거대하고 복잡한 데이터셋

IT 시스템을 통해서 실시간으로 다종다양한 데이터를 모은 데이터셋

그림 7-4 빅데이터의 특징

또한 경우에 따라서 모은 데이터를 가공하고 새로운 변수를 작성해야 합니다. 이러한 가공을 기계학습에서는 특징량 엔지니어링이라 합니다.

3 선택 알고리즘

데이터 프리퍼레이션에서 모은 데이터를 정리하고 적당한 데이터셋을 만들었다면, 그다음 분석목적에 맞는 알고리즘을 선택해야 합니다. 기계학습에서는 분석 목적을 크게 '분류'와 '예측' 2가지로 나눕니다.

비지도학습과 지도학습

또한 이들 알고리즘은 각각 비지도학습(unsupervised learning)과 지도학습(supervised learning)으로 나눌 수 있습니다.

■ 비지도학습

비지도학습은 참조해야 할 조언 및 예외 사항이 사전에 없고, 또는 구해야 할 정답이 없는 경우의 학습을 가리키는데, 데이터에 존재하는 패턴을 분류, 파악하는 알고리즘이 해당됩니다. 구체적으로는 그림 7-5에 나타낸 클러스터 분석 및 주성분 분석이 비지도학습에 해당하는 알고리즘입니다.

■ 지도학습

한편 지도학습은 참조해야 할 조언 및 예외가 사전에 있고, 또는 구해야 할 정답이 있는 경우의 학습을 가리키며, 수리모델에 기반해 예측하는 알고리즘이 해당됩니다.

예측 결과가 적중했는지 여부가 수리모델의 개량(학습)에 도움이 되기 때문에 이것이 '참조해야할 조언 및 예외 사항'에 해당합니다. 구체적으로는 회귀분석 및 로지스틱 회귀가 지도학습에 해당하는 알고리즘이 됩니다.

■ 훈련 데이터와 테스트 데이터

그러면 지도학습의 경우, 학습 성과 향상, 즉 예측의 정밀도 향상을 위해 2가지 다른 데이터가 필요하다는 점에 주의합니다.

하나는 훈련 데이터로, '교재로 사용하는 데이터'며 수리모델의 추정, 개선에 사용하는 데이터입니다.

또 하나는 테스트 데이터로 '학습 성과 평가에 사용되는 데이터'며 수리모델의 평가, 검증을 하기 위한 미지 데이터입니다. 즉, 수업에서 선생이 사례 및 교재로 사용하는 데이터와 실제로 중간 및 기말시험에서 사용하는 데이터로 비유할 수 있습니다.

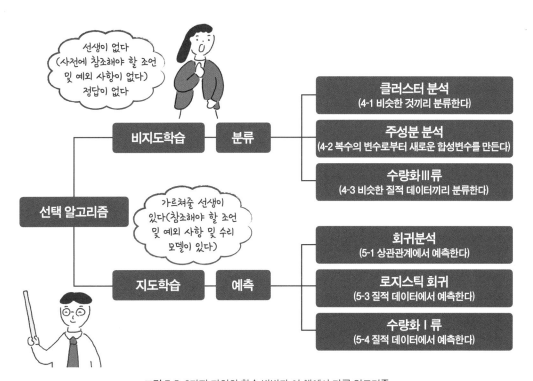

그림 7-5 2가지 타입의 학습 방법과 이 책에서 다룬 알고리즘

4 파라미터 튜닝

파라미터는 그림 7-6과 같이 수리모델을 구체화하는 작업입니다. 앞서 서술했지만 회귀모델을 예로 들면 회귀계수에 해당합니다. 제5장에서 다룬 다중회귀모델을 사례로 설명하겠습니다.

회귀분석의 목적은 피설명변수에 대한 예측을 설명변수로 하는 것입니다. 예를 들어 다음 페이지 그림 7-7과 같은 다중회귀모델의 피설명변수는 Y, 설명변수는 X1과 X2가 됩니다. 예측을 한다는 의미로, 기계학습에서는 설명변수를 예측인자라 하기도 합니다.

다중회귀모델에서는 회귀절편 a 및 회귀계수 b1, b2가 파라미터가 됩니다. 이들은 Y의 예측값에 대한 영향의 크기를 표시하고, 데이터에서 추정치(정수)를 얻으며 모델에서 구체적인 예측을 할 수 있게 됩니다.

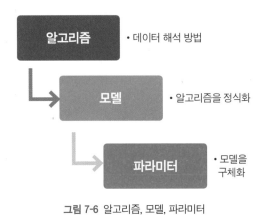

그림 7-6 알고리즘, 모델, 파라미터

기세학습에서는 훈련 데이터와 테스트 데이터를 사용하고 파라미터의 추정과 예측값의 정밀도를 검증하면서 파라미터를 반복 조정해 나가는 작업이 요구되며, 이 작업을 통해 최적의 예측이 가능한 모델을 구합니다. 이 과정을 파라미터 튜닝이라 합니다.

적합한 학습과 부적합한 학습

파라미터 튜닝은 모델의 예측 정도에 영향을 주기 때문에 당연히 '적합한 학습'이 꼭 필요합니다. 여기서 말하는 '적합한 학습'은 '부적합한 학습을 피한다'는 의미이고 기계학습에서는 그림 7-8에 나타낸 2가지가 '부적합한 학습'에 해당합니다.

■ 과학습

먼저 과학습입니다. 과적합(overfitting)이라고도 하며 모델이 데이터에 지나치게 적합한다는 의미입니다. 예를 들어 훈련 데이터에서는 매우 좋은 적합을 나타내도 테스트 데이터에서는 부적합이 되는 경우입니다.

■ 미학습

한편 미학습은 말 그대로 학습 부족(underfitting)으로 모델이 데이터에 부적합한 경우입니다. 즉, 훈련 데이터와 테스트 데이터가 부적합한 모델의 경우입니다.

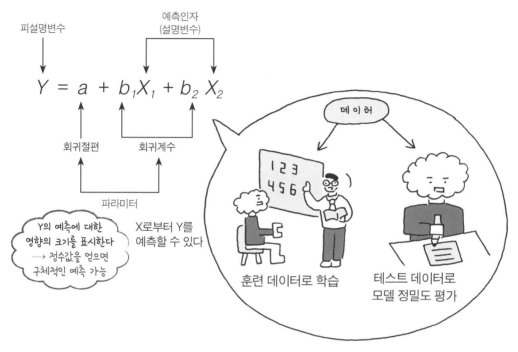

그림 7-7 설명변수가 2개인 다중회귀모델

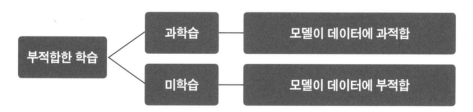

그림 7-8 부적합한 학습

5 모델 선택

앞에서도 언급했지만 회귀분석처럼 지도학습의 알고리즘에서는 예측 정도, 즉 '학습 효과'를 확실히 평가해야 합니다. 이를 통해 최적의 모델을 선택하기 때문입니다.

'학습 효과'를 평가하려면 평가 기준 및 평가 방법이 당연히 명확해야 합니다. 예를 들어 여기서 다룬 회귀분석에서는 몇 가지 대표적인 평가지표가 있지만(평균제곱근오차(RMSE) 등), 이들 지표가 모델의 성능을 완전히 나타내는 것은 아닙니다.

과학습 모델의 경우, 훈련 데이터에서는 좋은 결과를 나타내더라도 테스트 데이터에서는 좋은 결과를 나타내지 못할 수도 있기 때문입니다. 이런 상황을 피하려면 밸리데이션(validation)이라는 방법으로 모델의 성능을 평가해야 합니다.

밸리데이션은 모델의 학습 효과, 즉 파라미터의 갱신을 검증하는 방법입니다. 구체적으로는 모델 검증으로 사용하는 테스트 데이터를 새로 준비하기보단 현재 사용하는 데이터셋을 랜덤으로 훈련 데이터와 테스트 데이터로 분할하고, 훈련 데이터를 모델 작성과 파라미터 튜닝에 사용하고, 테스트 데이터는 모델의 정밀도 평가에 이용하는 방법입니다.

뉴런 네트워크와 AI

인공 뉴런과 데이터 전달

AI 붐은 이전에 2번 있었기 때문에
현재의 AI 붐을 '제3차 AI 붐'이라 부르지만 이전과 다른 점은
그 배후에 빅데이터의 발전과 보급이 있다는 것입니다.

1 AI와 데이터 사이언스의 관계

제2장에서도 살펴봤듯 빅데이터는 말하자면 현대의 정보통신기술(ICT)이 낳은 부산물입니다. 데이터의 방식을 변경했다는 의미에서 빅데이터의 등장이 데이터 혁명을 가져왔다는 평가도 있습니다. 데이터 혁명이 붐에 영향을 미친다는 점에서 데이터 사이언스도 AI와 같습니다. 빅데이터의 활용이란 의미에서 데이터 사이언스와 AI는 깊은 관계에 있기 때문입니다.

앞서 서술했듯 데이터 사이언스 연구 중 대부분은 빅데이터를 전제로 하고 있습니다. 빅데이터를 활용한 AI의 수리모델이 데이터 사이언스 연구의 주요한 목적이기 때문입니다. 그 의미에서 AI와 데이터 사이언스는 표리일체의 관계에 있다고 해도 과언이 아닙니다. 그러면 이 AI의 수리모델은 대체 무엇일까요?

바로 심층학습에 기반한 뉴런 네트워크입니다. 이 연구가 현대의 AI에 관한 수리모델 연구의 중심이 되어 있습니다. 그러면 뉴런 네트워크의 기본적인 구조를 간단하게 설명하고 마무리하겠습니다.

2 뉴런 네트워크란

뉴런 네트워크는 문자 그대로 신경회로망으로 인간의 두뇌를 의태화한 수리모델을 가리키는 말입니다.

인간의 두뇌는 신경세포(뉴런)을 구성 요소로 한 신경회로망으로부터 이뤄지며, 지각 및 운동을 통해 경험(데이터)를 축적하고 다양한 추론 및 예측을 하고 있습니다. 또한 추론 및 예측 결과로부터 학습하고 보다 더 정밀도를 높이는 추론 및 예측을 할 수 있도록 성장합니다. 이처럼 두뇌의 기능(지능)을 모사한 수리모델로 구성한 것이 뉴런 네트워크입니다.

그림 7-9에서 보여주는 것처럼 두뇌 신경회로망의 핵이 되는 신경세포는 정보를 받는 수상돌기와 정보를 보내는 축색돌기라는 2종류의 돌기가 정보를 전달하는 세포를 통해 연결되어 있습니다. 이처럼 정보 전달의 구조를 시냅스라 하고 이를 수리모델로 대체한 것이 인공 뉴런으로 심층학습에 기반한 AI 기술의 기본이 됩니다.

예를 들어 자동 화상인식은 이런 수리모델에 의한 추론의 대표적 예입니다. 화상인식의 기본은 물체 인식, 얼굴 인식, 문자 인식의 3가지입니다. 이들 3가지 대상을 순간 인식하는 기술은 산업, 의료, 방범 등의 분야에서 큰 성과를 올리고 있습니다.

자동 화상인식은 속도와 정확성이라는 점에서 인간의 판단보다 우수한 경우가 많습니다. 이런 기술이 가능해진 데는 그림 7-10에서 볼 수 있듯 적어도 3가지 요인을 언급할 수 있습니다.

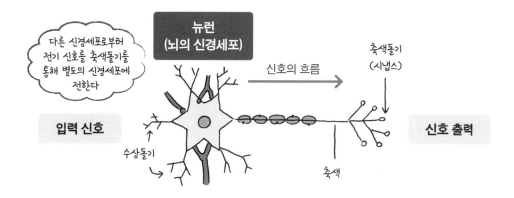

그림 7-9 뉴런과 인공 뉴런

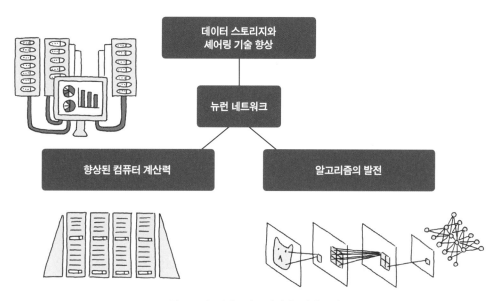

그림 7-10 뉴런 네트워크 발전의 3가지 요인

먼저 데이터 스토리지와 데이터 셰어링 기술의 향상입니다. 뉴런 네트워크 모델을 훈련하고 그 성능을 개량하는 데는 대규모의 데이터가 필요합니다. 그렇기에 데이터 스토리지(보존)와 셰어링(공유) 기술 향상은 뉴런 네트워크의 응용을 위해 필수적인 요인 중 하나입니다.

다음으로 향상된 컴퓨터의 계산 능력입니다. 앞서 이야기했듯 뉴런 네트워크에서는 대규모 데이터에 의한 학습이 불가결하기 때문에 복잡하고 거대한 계산을 신속하게 실행할 필요가 있습니다. 그러므로 우수한 컴퓨터의 계산력이 필요하다고 할 수 있습니다.

마지막으로 알고리즘의 발전입니다. 인간의 뇌의 움직임을 기계에 대응시키는 것은 아직도 어려운 일이지만 개선된 다양한 알고리즘이 개발되고 있습니다.

3 뉴런 네트워크의 구성 요소

인간의 두뇌를 모방한 뉴런 네트워크이지만 인간의 두뇌는 아니기 때문에 인공적인 데이터의 정보전달장치가 필요합니다. 그 기본적인 요소가 층, 접속, 방향의 3가지입니다.

층(레이어)

뉴런 네트워크에서는 그림 7-9와 같은 인공 뉴런이 수리모델에 해당하고 이들 모델을 묶은 것이 네트워크입니다. 이들 뉴런 간에는 다양한 데이터의 전달이 이루어집니다. 이를 가장 심플하게 나타낸 것이 그림 7-11로 1개의 데이터 입력에 대해 1개의 출력(예측 결과)을 나타내고 있습니다.

데이터 전달의 기본 요소인 층은 뉴런의 집합을 의미합니다. 다층구조를 전제로 한 뉴런 네트워크에서는 그림 7-11의 경우처럼 '입력'이 입력층, '제1층'과 '제2층'이 중간층(숨겨진 층), '출력'이 출력층으로 구별됩니다.

접속과 방향

이들 층을 묶고 있는 것이 접속으로, 그림 7-11의 화살표가 나타내는 것처럼 데이터 전달회로의 방향에 따라서 데이터를 전달하고 있습니다.

유의해야 할 것은 노란색 A, C, E로 이들은 활성화된 뉴런을 나타냅니다. 반대로 파란색 B, D는 활성화되지 않은 뉴런을 나타냅니다.

활성화는 입력 측 뉴런이 신호로 받은 정보를 축적하고 특정 '활성화 함수'에 기반해 기준치를 넘으면 관련 뉴런에서 정보를 전달합니다. 그림 7-11의 경우, 노란색 화살표는 활성화된 뉴런으로 정보가 전달되고 있는 것을, 파란색 화살표는 활성화되지 않아서 정보가 전달되지 않는 것을 나타냅니다.

이처럼 뉴런 네트워크에서 예측 및 추론을 한다면 네트워크의 경로에 따라 뉴런(층)이 순차적으로 활성화되어야 합니다.

■ 활성화 함수

뉴런의 활성화 여부는 활성화의 규칙에 기반하며, 이 규칙을 정식화한 것이 활성화 함수입니다.

그림 7-12는 1개의 인공 뉴런에서 활성화 함수의 역할을 보여주고 있습니다. 이 그림에서는 복수의 뉴런(입력층)으로부터 다양한 정보(데이터)를 받아 일정한 weight를 걸고 결합한 후, 정식화된 함수(모델)에 기반해 계산함으로써 1개의 새로운 데이터를 출력하는(활성화) 경우를 나타냅니다.

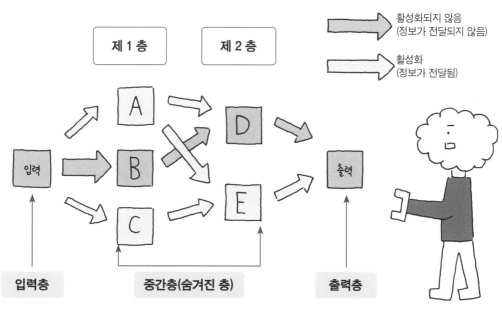

그림 7-11 뉴런 네트워크에서 데이터 전달의 사례

따라서 우수한 도출을 위해서는 최적의 활성화 함수가 필요합니다. 이를 위해서는 학습을 통해 뉴런 네트워크의 수리모델을 훈련시키고, 활성화 함수의 weight와 정확한 기준치 값을 아는 것이 중요합니다.

블랙박스화

이상이 뉴런 네트워크에 관한 기본적인 구조이지만 마지막으로 주의해야 할 문제점을 이야기하겠습니다.

뉴런 네트워크는 다층 구조로 되어 있어 각각의 층에서는 다른 활성화 함수에 기반하고, 다수의 뉴런이 포함되어 있습니다. 그러나 이것은 정확한 예측결과를 가져오는 뉴런의 조합을 정확하게 특정하기 어렵다는 것을 의미합니다. 회귀분석과 같은 예측 방법과는 다르며, 중요한 예측 인자를 명확하게 특정해 비교할 수 있는 방법이 아닙니다.

즉, 뉴런 네트워크에서는 추론 및 예측의 과정이 블랙박스화되며, 얻은 예측결과에 대해서는 왜 그런 결과가 얻어졌는지 여부를 잘 설명할 수 없는 경우가 있음에 주의할 필요가 있습니다.

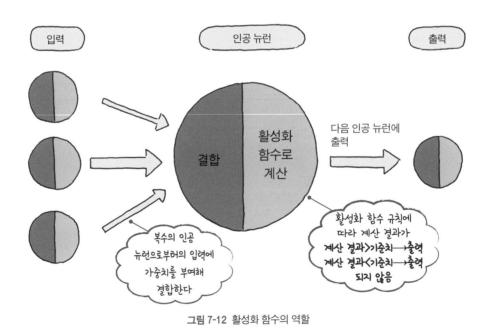

그림 7-12 활성화 함수의 역할

부록

데이터 사이언스를 체험하다

Excel로 배우는 데이터 해석

데이터 사이언스를 배울 때는 데이터를 실제로 모으고 해석해보는 경험도 중요합니다. 부록에서는 데이터 사이언스 연구를 간단히 체험할 수 있도록 Excel로 데이터 해석의 순서를 설명합니다. 제2장부터 제5장에서 살펴본 데이터 해석을 다뤄보는데, 모든 해석 방법을 Excel로 직접 계산할 수 있는 것은 아니므로 Excel로 실행 가능한 데이터 해석의 몇 가지 예시로, 계산 순서를 과정별로 설명하겠습니다. 사용 데이터는 서문의 '데이터 다운로드 안내'에서 링크를 통해 다운로드할 수 있습니다. 또, 부록에 수록하지 않은 계산 예시와 데이터는 PDF 파일로 준비했습니다. 함께 활용하시기 바랍니다.

1 데이터 해석의 제1공정(제2장)

데이터 해석의 제1공정은 다양한 데이터 타입을 알고 수집한 후 데이터 해석을 적절하게 실행할 수 있게 데이터셋을 정형화하는 일입니다. 여기서는 제1공정의 사례로 웹에서 데이터를 수집하는 경우를 알아보겠습니다. 정부가 작성, 발표하는 공적 통계(인구조사: 国勢調査)를 다뤄보겠습니다. 그림 2-14와 같이 총무성통계국(総務省統計局) 포털 사이트 [e-Stat]에서 그림 2-15-2의 [시즈오카현(静岡県)의 연령층별 취업자수] 데이터를 얻는 방법을 설명합니다.

[사례] 웹에서 데이터 수집

순서 1: 포털 사이트 [e-Stat]에 접속

총무성통계국 홈페이지(https://www.stat.go.jp)를 열고 메인 페이지 아래에 있는 [e-Stat]의 아이콘을 클릭합니다.

他の機関の統計を含めて探す

●	**e-Stat** 🔗	全ての政府統計を収録した統計ポータルサイト
●	**統計ダッシュボード** 🔗	主な統計データを視覚的に分かりやすく提供するWebサイト
●	**キッズすたっと** 🔗	教科書にある単元や言葉で簡単に検索！小中学生向けWebサイト
●	📖 **政府の総合統計書**	政府統計を網羅的にまとめた報告書

순서 2: [e-Stat]에서 검색

[e-Stat] 화면이 표시되면 [키워드 검색] 입력란에
[国勢調査]를 입력합니다.

순서 3: 国勢調査 데이터 검색

国勢調査는 법령에 따라 5년에 1번 수행하므로
구체적으로 어느 연도의 国勢調査 데이터를 사용할지 지정해야 합니다. 여기서는 [平成27年国勢
調査(평성27년(2015년)]를 지정합니다.

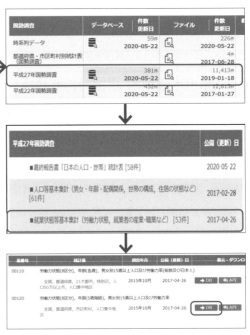

순서 4: 취업자 데이터 검색

国勢調査를 통해 인구 수 외에도 세대 구성, 배우
자 관계, 취업 상태와 같은 다양한 데이터를 이용
할 수 있습니다. 여기서는 [就業状態等基本集計]
를 선택합니다.

순서 5: 연령층별, 시도군별 데이터 검색

그림 2-15-2의 데이터는 시즈오카현(静岡県)의 각 시정(市町)의 연령층(5세 단위)별 취업자 수를
나타냅니다. 이 데이터를 얻으려면 [노동자 수(8개 지역), 연령(5세마다), 15세 이상 남녀 인구 및
노동자 쉬을 선택하고 [DB] 아이콘을 클릭합니다.

또, 여기서는 해설을 생략하지만 [API]는 통계 데이터 취득을 목적으로 한 API 기능을 이용할 수
있는 기능입니다. API(Application Programming Interface)는 소프트웨어 일부를 공개하고 다른
소프트웨어와 기능을 공유할 수 있도록 한 것입니다. [e-Stat]의 [API]를 이용하기 위해서는 먼저

[e-Stat]에 사용자를 등록해 ID를 만들어야 합니다.

순서 6: 연령층별, 시도군별 데이터 취득

[순서 5]에서 설명했듯 [DB] 아이콘을 클릭하면 다음 페이지 그림 왼쪽처럼 데이터가 화면에 나타납니다. 다만 이는 전국을 기준으로 [노동자 수 8개 지역, 연령 5세마다, 15세 이상 남녀 인구 및 노동자 쉬의 모든 데이터가 표시되는데, 지역이 특정되어 있지 않은 상태이기 때문입니다.

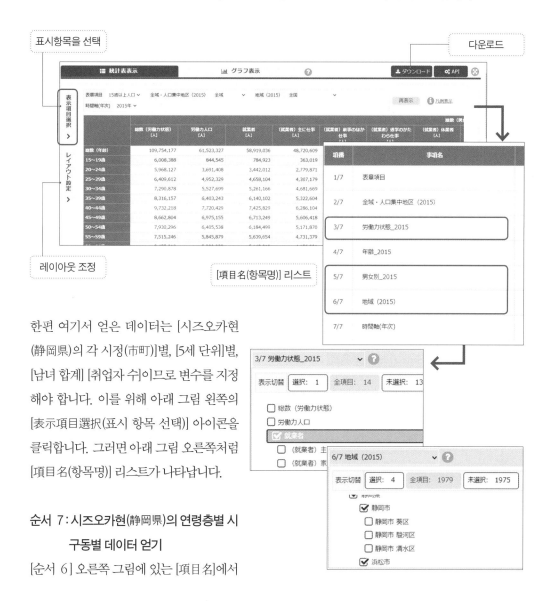

표시항목을 선택

다운로드

레이아웃 조정

[項目名(항목명)] 리스트

한편 여기서 얻은 데이터는 [시즈오카현 (静岡県)의 각 시정(市町)]별, [5세 단위]별, [남녀 합계] [취업자 쉬이므로 변수를 지정해야 합니다. 이를 위해 아래 그림 왼쪽의 [表示項目選択(표시 항목 선택)] 아이콘을 클릭합니다. 그러면 아래 그림 오른쪽처럼 [項目名(항목명)] 리스트가 나타납니다.

순서 7 : 시즈오카현(静岡県)의 연령층별 시 구동별 데이터 얻기

[순서 6] 오른쪽 그림에 있는 [項目名]에서

[労働力状態_2015], [男女別_2015], [地域(2015)]을 순서대로 선택하고 필요한 항목을 체크합니다.

초기 상태에서는 모든 항목이 체크되어 있기 때문에 체크를 [全解除(전체 해제)]한 후 원하는 항목을 다시 체크합니다. 오른쪽 그림은 [労働力状態_2015]와 [地域(2015)]를 선택한 예시입니다.

순서 8 : 데이터 정형화

[순서 7]을 완료하면 원하는 데이터를 얻을 수 있습니다. 추후의 데이터 해석을 생각해서 다운로드 전에 데이터셋의 레이아웃을 먼저 조정하면 편리합니다. [순서 6] 그림 왼쪽에 있는 [레이아웃 설정] 아이콘을 활용합니다. 아이콘을 클릭하면 아래와 같이 [레이아웃 설정] 화면이 표시됩니다. [레이아웃 설정] 화면에서 중요한 것은 [列(열)]과 [行(행)]으로, 이 설정 여부에 따라 데이터셋 표시 형식이 달라집니다. 아래 그림과 같이 설정하면 아래 그림 왼쪽처럼 데이터가 표시됩니다. [列]의 [地域]과 [行]의 [年齡]을 바꿔 넣으면 아래 그림의 오른쪽처럼 데이터 표시 형식이 바뀝니다. 항목 바꾸기는 각각의 항목을 [列]에서 [行], [行]에서 [列]으로 마우스를 사용해서 드래그 앤 드롭하면 간단하게 설정할 수 있습니다.

조정을 마치면 [순서 6] 그림 오른쪽 위에 있는 [ダウンロード(다운로드)] 아이콘을 클릭해 데이터를 다운로드합니다(Excel 형식과 CSV 형식을 선택할 수 있습니다). 또한 [레이아웃 설정] 화면의 [ページ上部(페이지 상단)] 항목은 다운로드 시 데이터의 표제로 표시됩니다.

2 데이터 해석의 제2공정(제3장)

데이터 해석의 제2공정은 변수별로 모든 데이터의 특징을 읽고 변수 간 관계를 발견하는 것입니다. 여기서는 그림 3-1 개표 데이터에서 그림 3-2의 도수 분포표를 작성한 [사례 1], 그림 3-13의 집계 데이터에서 평균 및 분산 등을 구한 [사례 2], 마찬가지로 그림 3-13의 집계 데이터에서 상품 간 매출액에 관한 상관계수를 구한 [사례 3]의 경우를 보겠습니다.

[사례 1] 도수 분포표를 작성한다

그림 3-1은 A가 근무하는 슈퍼마켓의 1일 쇼핑금액을 고객별로 표시한 개표 데이터입니다. 이 데이터에서 그림 3-2의 도수 분포표와 그림 3-5의 히스토그램을 작성합니다. Excel에서 도수 분포표를 작성하는 데는 몇 가지 방법이 있지만 여기서는 통계함수의 [COUNTIFS]를 사용하는 방법을 소개합니다.

순서 1: 함수 선택

먼저 출력하고 싶은 [도수] 셀을 지정하고 활성화합니다(아래 그림에서는 [2000엔 이상 4000엔 미

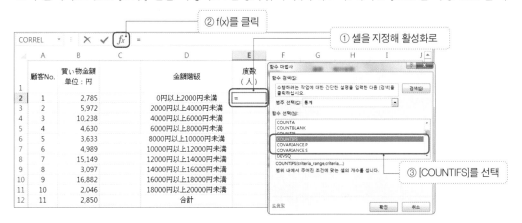

만의 구간으로 대응한 [도수]). 다음은 Excel의 [수식 바] 왼쪽에 있는 f(x) 버튼을 클릭하면 [함수 마법사] 다이얼로그 박스가 표시되며, 통계함수[COUNTIFS]를 선택합니다.

[COUNTIFS]는 조건에 해당하는 데이터 포인트의 수를 구하는 함수이며 조건이 복수 개일 경우에 사용합니다. 이 사례에서는 2000엔 이상이라는 조건과 4000엔 미만이라는 2가지 조건이 있습니다. 아래 그림에서 최초의 구간 [0엔 이상 2000엔 미만]은 조건이 [2000엔 미만]이라는 1개이므로, 이 경우에는 [COUNTIFS]를 사용하면 좋습니다. 둘 다 기본적인 사용법은 같으므로 계속해서 [2000엔 이상 4000엔 미만]의 경우를 보겠습니다.

순서 2: [COUNTIFS]의 데이터와 인수를 지정

[COUNTIFS]의 다이얼로그 박스가 표시되면 [Criteria_rangel]에 모든 데이터의 범위를 지정합니다 ([라벨]은 포함하지 않습니다). 또한 데이터는 작업 시간 효율을 생각해서 절대참조(키보드의 F4를 누름)를 지정하면 좋습니다.

그다음 [Criteria1]에서 [2000엔 이상]에 해당하는 수식 [>= 2000]을 입력합니다. 마찬가지로 [Criteria_rangel2]에는 [4000엔 미만]에 해당하는 수식 [<4000]을 입력합니다.

[2000엔 이상 4000엔 미만]의 구간에 대응하는 도수가 출력되면 해당 셀을 복사한 후 [4000엔 이상 6000엔 미만] 이하의 셀에 붙입니다. 이 상태에서는 [2000엔 이상 4000엔 미만과 같은 도수가 표시되므로, 오른쪽 그림처럼 [수식 바] 조건식의 수치를 각 구간에 대응하는 수치로 수정하면 맞는 [도수]가 출력됩니다.

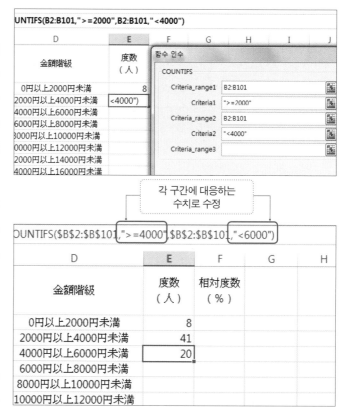

[사례 2] 산술 평균, 중앙값, 분산, 표준편차, 변동계수를 구한다

그림 3-13은 A가 슈퍼마켓에서 판매 중인 상품 A~D의 1일 매출액(만 엔)을 1주일간 집계한 데이터입니다. Excel 통계함수를 사용해 이 데이터에서 각 상품의 산술 평균, 중앙값, 분산, 표준편차, 변동계수를 각각 구해보겠습니다.

순서 1: 산술 평균 계산

산술 평균은 통계함수 [AVERAGE]를 사용합니다. 아래 그림 왼쪽처럼 먼저 산술 평균이 출력될 활성화 셀을 지정합니다. 다음으로 f(x)를 클릭하면 나타나는 [함수 마법사] 다이얼로그 박스에서 [AVERAGE]를 선택합니다. 산술 평균의 다이얼로그 박스가 표시되면 [함수 인수]에 대상이 되는 데이터(아래 그림 오른쪽에는 상품 A의 데이터)의 범위를 지정하고 [확인]을 누르면 계산 결과가 출력됩니다. 그다음 [복사] → [붙여넣기]를 활용해 상품 B~상품 D를 구합니다.

순서 2: 중앙값 계산

중앙값(메디안)은 통계함수의 [MEDIAN]을 사용합니다. 다음 왼쪽 그림처럼 먼저 중앙값을 출력할 활성화 셀을 지정합니다. 다음으로 [함수 마법사] 다이얼로그 박스에서 [MEDIAN]을 선택합니다. 중앙값 다이얼로그 박스가 표시되면 [함수 인수]에 대상이 되는 데이터(아래 그림 오른쪽에서는 상품 A의 데이터)의 범위를 지정하고 [확인]을 누르면 계산 결과가 출력됩니다. 그다음 [복사] → [붙여넣기]를 활용해 상품 B~상품 D를 구합니다.

순서 3: 분산 계산

분산은 통계함수의 [VAR.P]를 사용합니다. 다음 그림 왼쪽처럼 먼저 분산을 출력할 활성화 셀을 지정합니다. 다음으로 [함수 마법사] 다이얼로그 박스에서 [VAR.P]을 선택합니다.

분산 다이얼로그 박스가 표시되면 [인수]에 대상이 되는 데이터(그림 오른쪽에서는 상품A의 데이터)의 범위를 지정하고 [확인]을 누르면 계산 결과가 출력됩니다. 그다음 [복사] → [붙여넣기]를 활용해 상품B~상품D를 구합니다.

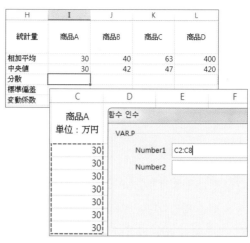

순서 4: 표준편차 계산

표준편차는 통계함수의 [STDEV.P]를 사용합니다. 아래 그림 왼쪽처럼 먼저 표준편차를 출력할 활성화 셀을 지정합니다.

다음으로 [함수 마법사] 다이얼로그 박스에서 [STDEV.P]을 선택합니다. 표준편차 다이얼로그 박스가 표시되면 [함수 인수]에 대상이 되는 데이터(왼쪽 아래 그림의 오른쪽에서는 상품A의 데이터)의 범위를 지정하고 [확인]을 누르면 계산 결과가 출력됩니다. 그다음 [복사] → [붙여넣기]를 활용해 상품B~상품D를 구합니다.

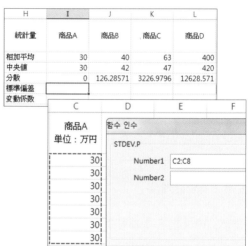

순서 5: 변동계수 계산

변동계수는 통계함수에서 구할 수는 없기에 [수식 바]를 활용하며, 계산식(표준편차/평균)을 입력해서 구합니다. 먼저 변동계수를 출력할 활성화 셀을 지정하고, 아래 그림 왼쪽처럼

[수식 배]에 계산식을 입력하고 Enter 키를 누르면 계산 결과가 출력됩니다. 그다음 [복사] → [붙여넣기]를 활용해 상품B~상품D를 구합니다.

[사례 3] 상관계수를 구하다

[사례 2]와 같이 그림 3-13의 집계 데이터를 사용해서 상품 간 매출에 관한 상관계수를 구해봅니다. 사용하는 것은 Excel의 통계함수지만 상관계수에 대해서는 제5장의 그림 5-10에서 다룬 Excel의 추가 기능 소프트웨어 [분석 도구]를 사용할 수 있으므로 이 사용 방법에 대해서도 설명하겠습니다.

순서 1: 통계함수를 사용한 상관계수 계산

상관계수는 통계함수 [CORREL]이나 [PEARSON]을 사용합니다. 어느 함수를 사용하든 같은 결과가 출력됩니다. [PEARSON]라는 함수명은 상관계수를 고안한 영국 통계학자 칼 피어슨(Karl Pearson; 1857-1936)의 이름에서 유래했습니다.

오른쪽 그림처럼 상관계수를 출력할 활성화 셀을 지정합니다. 다음으로 [함수 마법사] 다이얼로그 박스에서 [CORREL]이나 [PEARSON]을 선택합니다(이하 [CORREL]로 설명). 상관계수 다이얼로그 박스가 표시되면 [Array1]과 [Array2]의 인수에 대상이 되는 각각의 데이터(오른쪽 그림의 사례에서는 [Array1]에 상품B 데이터, [Array2]에 상품D 데이터)의 범위를 지정한 후 [확인]을 누르면 계산결과가 출력됩니다.

순서 2: 추가 기능 소프트웨어 [분석 도구]를 사용한 상관계수의 계산

상관계수는 2변수 간의 관계성을 나타내는 지표입니다. 사례처럼 A~D의 4개 변수가 있다면 각각의 조합에 대한 상관계수를 구할 수도 있습니다 이 경우 모든 조합에 대한 상관계수를 정리해 계산한 후, 출력할 때 [분석 도구]의 [상관 분석]을 이용하면 편리합니다.

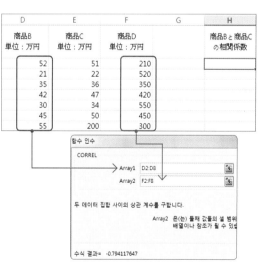

그러면 상품B, 상품C, 상품D에 관한 상관계수를 [분석 도구]를 사용해 출력해봅니다. 모든 상관계수의 조합은 상품B · C, 상품B · D, 상품C · D 3가지입니다. 또한 상품A의 조합에 대해서는 [사례 2]에서 살펴봤듯 상품A의 분산 및 표준편차가 0이므로 그림 3-25의 정의식에 따라 상관계수의 분모가 0이 되어 계산을 할 수 없으므로 제외합니다.

오른쪽 그림처럼 먼저 Excel의 [데이터]에 있는 [데이터 분석] 다이얼로그박스에서 [상관 분석]을 선택합니다. [상관 분석] 다이얼로그 박스가 표시되면 [입력 범위]에 상품B~상품D 데이터의 범위를 지정합니다. 이때 [라벨]도 포함해서 범위를 지정하면 편리합니다. 그다음 [첫째 행 이름표 사용(L)]을 꼭 체크합니다.

또한 일반적으로는 [출력 옵션]이 [새로운 워크시트]에 설정되어 있고, 여기서도 그렇게 처리하지만 출력할 특정 셀을 지정할 수 있습니다.

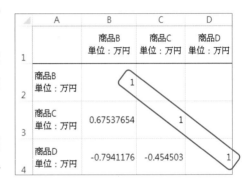

데이터 범위와 옵션을 지정한 후 [확인]을 누르면 오른쪽 그림처럼 계산 결과가 새로운 시트에 출력됩니다.

이런 형식으로 표시되는 상관계수를 상관행렬이라 합니다. 또한 대각선상의 수치(대각요소)가 1인 것은 같은 변수끼리의 상관계수(상품B · B, 상품C · C, 상품D · D)를 표시하는데, 이 경우 1이 되는 것은 그림 3-25의 정의식으로도 알 수 있습니다.

3 데이터 해석의 제3공정(제4장)

데이터 해석의 제3공정은 다변수 데이터를 사용해 비슷한 패턴을 표시하는 그룹을 분류하는 것입니다. 기계학습에서는 [비지도학습]에 해당하는 방법입니다. 가까운 데이터 포인트부터 직접 분류하는 방법이 클러스터 분석, 주성분이라는 새로운 변수를 합성해 간접적으로 분류하는 것이 주성분 분석으로 어느 방법이든 양적 데이터에 적용합니다. 질적 데이터의 경우에 대해서는 수량화Ⅲ류를 소개했습니다.

아쉽지만 이들 데이터 분석 방법을 Excel에서 직접 구할 수는 없습니다. 추가 기능 소프트웨어 [분석 도구]에서도 지원하지 않습니다. 여기서는 그림 4-2의 데이터를 사용해 출력한 그림 4-5의 상자 수염 그림을 작성하는 사례를 보겠습니다.

[사례] 상자 수염 그림 작성

그림 4-2는 대학생 B가 세미나 지역 연구를 위해 모은 데이터로 2017년 기준 각 도도부현(都道府県名)의 인구 수와 1인당 고용자 보상 집계 데이터입니다. 또한 B는 그림 4-3을 계산하고자 2007년의 데이터도 모았습니다. 이들 데이터를 다시 정렬하면 아래 그림 왼쪽과 같은 데이터셋이 되며, 이 데이터셋으로 그림 4-5의 상자 수염 그림을 작성합니다. 용도에 맞춰 아래 그림 오른쪽처럼 데이터를 정형화할 필요가 있습니다. [Excel2016]보다 이전 버전에는 상자 수염 그림 그래프 기능을 지원하지 않으므로 주의합니다.

순서: 상자 수염 그림 작성

[인구]를 사례로 이용합니다. 그림 4-5처럼 연차 [라벨]을 표시해 상자 수염 그림을 작성하려면 데

	A	B	C	D	E
1	都道府県名	人口		雇用者報酬	
2		2007年	2017年	2007年	2017年
3	北海道	5578858	5320082	4412.62	4912.36
4	青森県	1409297	1278490	3568.62	3907.49
5	岩手県	1364051	1254847	4100.47	4182.60
6	宮城県	2353535	2323325	4172.01	4455.66
7	秋田県	1121159	995649	3620.39	3984.87
8	山形県	1198161	1101699	4133.46	4188.19
9	福島県	2067480	1882300	4072.72	4108.86
10	茨城県	2973420	2892201	4483.52	4517.73
11	栃木県	2016241	1956910	4406.76	4776.46

	A	B	C
1	都道府県名	年次	人口
2	北海道	2007年	5578858
3	青森県	2007年	1409297
4	岩手県	2007年	1364051
5	宮城県	2007年	2353535
6	秋田県	2007年	1121159
7	山形県	2007年	1198161
8	福島県	2007年	2067480

이터를 먼저 아래 그림 오른쪽처럼 정형화해야 합니다.

데이터 정형을 마치면 데이터의 [연차] (B열)과 [인구] (C열) 데이터 범위를 모두 지정합니다([라벨]은 제외). 이때 [都道府県名]의 문자 데이터는 불필요합니다.

그다음 [삽입]에서 [차트]의 오른쪽 모서리를 클릭합니다. [차트 삽입] 다이얼로그 박스가 표시되며, [모든 차트]에서 [상자 수염]을 선택합니다. [상자 수염]을 선택하고 [확인]을 누르면 왼쪽 아래 그림처럼 상자 수염 그림이 출력됩니다. 또한 2007년과 2017년의 상자 수염 그림을 색으로 구분하고자 할 때는 정형화하기 전의 2007년과 2017년 데이터를 활용하며, 이를 별도 변수(계열)로 다루면 오른쪽 아래 그림처럼 색으로 구분된 상자 수염 그림을 출력할 수 있습니다. 단, 각 상자 수염 그림에 연차 [라벨]을 붙일 수 없으므로 이 경우 [차트 도구]의 [차트 요소 추가]에서 [범례]를 선택하고 적당한 옵션으로 [범례]를 출력하면 되겠습니다.

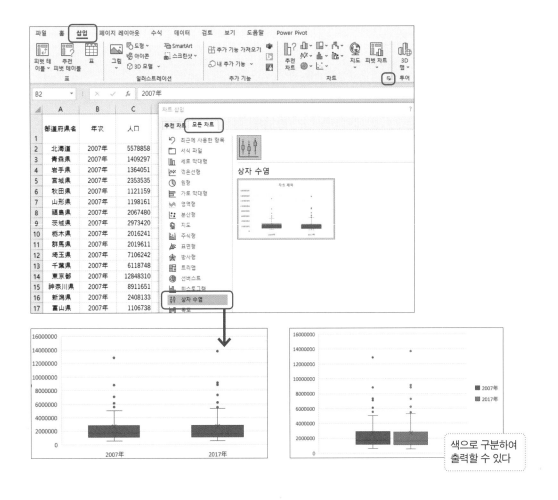

데이터 해석의 제4공정은 다변수 데이터를 사용해서 요인과 결과의 관계를 모델화하고, 결과를 예측하는 것입니다. 기계학습에서는 [지도학습]에 해당하는 방법입니다. 다루는 것은 양적 데이터에 적용하는 회귀분석과 질적 데이터에 적용하는 수량화 I 류 및 로지스틱 회귀입니다. 이들 방법 중 추가 기능 소프트웨어 [분석 도구]에서 지원하는 것은 회귀분석뿐이지만 데이터 형식을 공부하면 수량화 I 류의 계산이 가능합니다. 그러면 그림 5-24의 데이터를 사용해서 수량화 I 류를 계산하는 사례를 살펴보겠습니다.

[사례] 수량화 I 류를 계산한다

보건사 C는 자신이 수행한 보건조사 데이터에서 혈압에 영향을 미치는 요인을 검토하면서 성별과 흡연의 영향을 조사하였습니다. 그러나 피설명변수인 혈압 데이터는 양적 데이터지만 설명변수인 성별(남성, 여성)과 흡연(담배를 피움, 담배를 안 피움) 데이터는 질적 데이터이므로 회귀분석이 아닌 수량화 I 류를 사용해서 분석했습니다.

일반적으로 수량화 I 류에서는 그림 5-22와 같은 데이터를 사용합니다. 그림 5-24 같은 데이터(왼쪽 아래 그림)를 정형화하면 [분석 도구]의 [회귀분석]을 이용해서 수량화 I 류와 같은 예측값을 도출하는 회귀모델을 구할 수 있습니다. 그림 5-24의 데이터를 사용해서 수량화 I 류에 해당하는 회귀모델을 구해보겠습니다.

	A	B	C	D
1	No.	収縮期血圧	性別	喫煙
2	1	88	0	0
3	2	117	0	0
4	3	136	1	0
5	4	93	1	1
6	5	136	1	0
7	6	147	0	0
8	7	96	0	0
9	8	111	0	0

순서 1: 회귀계수의 추정

수량화 I 류의 모델을 회귀분석으로 구하려면 그림 5-24처럼 설명변수를 더미변수화하는 작업이 필요합니다. 이렇게 데이터를 정형화하면 나머지는 회귀분석과 마찬가지로 [분석 도구]의 [회귀분석]을 이용하면 편리합니다. 아래 그림처럼 Excel의 [데이터]에서 나타나는 [데이터 분석] 다이얼로그 박스에서 [회귀분석]을 선택합니다.

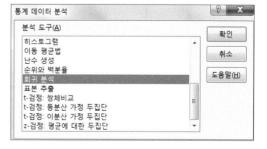

[회귀분석] 다이얼로그 박스가 표시되면 [Y축 입력 범위(Y)]에 [收縮期血压(수축기 혈압)] 데이터의 범위를, [X축 입력 범위(X)]에 [性別(성별)]과 [喫煙(흡연)] 데이터의 범위를 지정합니다. 이때 [라벨]을 포함해서 범위를 지정하면 편리합니다.

	계수	표준 오차	t 통계량	P-값
Y 절편	117.8	4.0	29.4	0.0
性別	15.0	6.6	2.3	0.0
喫煙	-3.0	7.5	-0.4	0.7

이때 반드시 [이름표]를 체크합니다. 또한 각 [수축기 혈압] 예측값을 구하려면 [잔차]에서 [잔차(R)]를 체크합니다.

데이터 범위와 옵션을 지정한 후 확인을 누르면 새로운 시트에 계산 결과가 출력됩니다. 다양한 계산치가 출력되지만 여기서는 위 그림처럼 수량화 I 류에 필요한 회귀계수에 관한 일람표만을 표시합니다.

순서 2: 예측값 추정

그림 5-25에서 순서 1에서 얻은 회귀모델을 사용해 [매일 담배를 10개피 이상 피우는 남성]의 [수축기 혈압] 예측값은 [132.8]입니다(예측 계산에 사용한 절편, 계수와 계산 결과는 소수점 이하 두 자리에서 반올림). 물론 그림 5-25처럼 직접 예측값을 구해도 좋습니다. [회귀분석] 옵션인 [잔차(R)]의 출력 결과를 활용할 수도 있습니다.

아래 그림은 분석에 사용한 데이터(아래 그림 왼쪽)와 [회귀분석]의 [잔차(R)] 출력 부분(아래 그림 오른쪽)을 표시합니다. 아래 그림 왼쪽을 보면 No.3의 [관측값]에 해당하는 사람은 [성별]이 1로 남성, [흡연]이 0으로, 그림 5-25의 1일 10개피 흡연하는 남성의 예측 조건에 적합합니다. 여기서 아래 그림 오른쪽 3번째의 [관측값]의 [예측값: 收縮期血压]을 보면 회귀모델에서 얻은 예측값과 같은 [132.8이므로 [잔차(실제 수치 - 예측값)]는 [3.2]입니다.

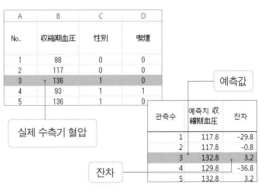

데이터 사이언스의 이해를 높이기 위한 참고 도서

이 책은 데이터 사이언스의 수리 및 기술을 구체적으로 다루기보단
사고방식을 보여주는 '입문을 위한 입문서'입니다.
따라서 데이터 사이언스에 관한 이해를 높이기 위한 참고서를 몇 권 소개합니다.
분야별, 난이도순으로 번호를 붙였습니다.
또한 제1장에서도 이야기했듯 '데이터 사이언스는 무엇인가?'에 대한
명확한 정설이 있는 것은 아니므로,
저자에 따라 사고방식이 다양하며, 입장이 상이하다는 점에 유의해두면 좋겠습니다.

1. 데이터 사이언스 일반

[1] 竹村彰通 [データサイエンス入門] 岩波新書, 2018년
[2] Annalyn Ng · Kenneth Soo(上藤一郎 번역) [数式なしでわかるデータサイエンス-ビックデータ
時代に必要なデータリテラシー] 옴사, 2019년
[3] 高木章光 · 鈴木英太 [図解入門最新データサイエンスがよ〜くわかる本] 秀和システム, 2019년
[4] 鈴木孝弘 [これだけは知っておきたいデータサイエンスの基本がわかる本] 옴사, 2018년
[5] 竹村彰通 · 姫野哲人編 [データサイエンス入門(第 2 版)] 学術図書出版社, 2021년

2. 통계학의 기본

[1] 上藤一郎 · 他3名『調査と分析のための統計-社会・経済のデータサイエンス (第2版)』丸善, 2013년
[2] 涌井良幸 · 涌井貞美『統計学の図鑑』技術評論社, 2015년
[3] 東京大学教養学部統計学教室編『統計学入門 (基礎統計学I)』東京大学出版会, 1991년
[4] 大関真之『ベイズ推定入門 モデル選択からベイズ的最適化まで』オーム社, 2018년
[5] 竹村彰通『現代数理統計学(新装改訂版)』学術図書出版社, 2020년

3. Excel을 사용한 데이터 사이언스 입문

[1] 上藤一郎 · 他3名『データサイエンス入門- Excel で学ぶ統計データの見方・使い方 集め方』オーム
社, 2018년
[2] 涌井良幸 · 涌井貞美『Excel でわかる機械学習超入門』技術評論社, 2019년

4. R 및 Rython을 사용한 데이터 사이언스 입문

[1] 有賀友紀·大橋俊介『R と Python で学ぶ実践的データサイエンス & 機械学習』技術評論社, 2019년
[2] 塚本邦尊山田典一 大澤文孝『東京大学のデータサイエンティスト育成講座 Python で手を動かし
て学ぶデータ分析』マイナビ出版, 2019년

찾아보기

그림으로 배우는 데이터 사이언스 입문

어려운 수식 없이 엑셀로 이해하는 데이터 사이언스

출간일 | 2023년 4월 21일 | 1판 1쇄

지은이 | 우와후지 이치로
옮긴이 | 박선필
펴낸이 | 김범준
기　획 | 권혜수
책임편집 | 조부건
교정교열 | 윤모린
편집디자인 | 김옥자
표지디자인 | 임성진

발행처 | 비제이퍼블릭
출판신고 | 2009년 05월 01일 제300-2009-38호
주 소 | 서울시 중구 청계천로 100 시그니쳐타워 서관 9층 949호
주문 · 문의 | 02-739-0739　　　　**팩스** | 02-6442-0739
홈페이지 | http://bjpublic.co.kr　　　**이메일** | bjpublic@bjpublic.co.kr

가 격 | 22,000원
ISBN | 979-11-6592-201-6

한국어판 © 2023 비제이퍼블릭